KB093983

The Japanese Language

조리·외식 전공에 맞춘

초급 일본어 회화

이덕구 저

 (주)백산출판사

이 교재는 일본어 입문과 기초수준의 일본어를 익히는데 적합한 학습서로서 특히 호텔조리외식관련 전공자들에게 보다 효과적이고 실용적인 내용으로 구성하였습니다.

일본어 학습에 있어서

❶ 일본어라는 학습대상(혹은 일본문화)을 좋아할 것
❷ 조금씩이라도 매일 공부할 것
❸ 큰소리로 읽을 것

이상의 세 가지를 실천하는 것이 고급수준으로 가는 지름길이 됩니다.

본 교재를 통하여 일본어 학습이 더욱 즐거워지고, 또한 이렇게 습득한 일본어를 통하여 학습자의 새로운 도전이 있기를 기대합니다.

아울러 이 책이 나오기까지 애써주신 (주)백산출판사 관계자 여러분께 감사의 말씀을 드립니다.

2017년
저자 씀

조리 · 외식 전공에 맞춘

초급 일본어
회화

일본어의
문자와 발음

1 日本語의 文字와 発音

1) 日本語의 文字

일본어를 표기하는 글자를 「かな」라 한다. かな에는 「ひらがな」와 「カタカナ」의 두 가지 自体가 있고, 여기에 漢字를 더해서 모두 세 종류의 문자를 써서 일본어를 표기한다.

ひらがな는 한자 초서체에서 만들어졌으며 표음문자이다. 또 글자 하나에는 뜻이 없으며 독립적인 음을 가지고 있다.

カタカナ는 한자의 획 일부를 취용한 문자로서 외래어, 전보문, 의성어, 의태어, 동식물의 이름, 인명, 지명, 강조어 등에 사용할 때가 많다.

			히라가나					가타카나		
	あ단	い단	う단	え단	お단	ア단	イ단	ウ단	エ단	オ단
あ행	あ a	い i	う u	え e	お o	ア a	イ i	ウ u	エ e	オ o
か행	か ka	き ki	く ku	け ke	こ ko	カ ka	キ ki	ク ku	ケ ke	コ ko
さ행	さ sa	し shi	す su	せ se	そ so	サ sa	シ shi	ス su	セ se	ソ so
た행	た ta	ち chi	つ tsu	て te	と to	タ ta	チ chi	ツ tsu	テ te	ト to
な행	な na	に ni	ぬ nu	ね ne	の no	ナ na	ニ ni	ヌ nu	ネ ne	ノ no
は행	は ha	ひ hi	ふ hu	へ he	ほ ho	ハ ha	ヒ hi	フ hu	ヘ he	ホ ho

히라가나					가타카나				
あ 단	い 단	う 단	え 단	お 단	ア 단	イ 단	ウ 단	エ 단	オ 단
ま행 ま ma	み mi	む mu	め me	も mo	マ ma	ミ mi	ム mu	メ me	モ mo
や행 や ya		ゆ yu		よ yo	ヤ ya		ユ yu		ヨ yo
ら행 ら ra	り ri	る ru	れ re	ろ ro	ラ ra	リ ri	ル ru	レ re	ロ ro
わ행 わ wa		を wo			ワ wa		ヲ wo		
ん n					ン n				

2) 母音(ぼいん)

あ a	い i	う u	え e	お o

あい[ai] ─────── 사랑(愛)

いえ[ie] ─────── 집(家)

うわぎ[uwagi] ─────── 저고리, 상의

いた[ita] ─────── 판자(板)

あお[ao] ─────── 파랑(青)

3) 半母音(はんぼいん)

や ya	ゆ yu	よ yo	わ wa

おや[oya] ─────── 부모(父母)

ゆび[yubi] ─────── 손가락(指)

ようじ[youzi] ─────── 이쑤시개

よい[yoi] ─────── 좋다

わさび[wasabi] ─────── 고추냉이

4) 清音(せいおん)

✿ か행

か	き	く	け	こ
ka	ki	ku	ke	ko

かばん[kaban] ──────── 가방(鞄)

かお[kao] ──────── 얼굴(顔)

きもの[kimono] ──────── 일본 전통 옷(着物)

かこ[kako] ──────── 과거(過去)

くるま[kuruma] ──────── 자동차(自動車)

✿ さ행

さ	し	す	せ	そ
sa	shi	su	se	so

さしみ[sashimi] ──────── 생선회

さけ[sake] ──────── 술(酒)

あし[ashi] ──────── 발(足)

すもう[sumou] ──────── 일본씨름(相撲)

そで[sode] ──────── 소매

✿ た행

た	ち	つ	て	と
ta	chi	tsu	te	to

ちち[chichi] ──────── 아버지(父)

くつ[kutsu] ──────── 구두(靴)

とし[toshi] ──────── 나이(年)

からて[karate] ──────── 당수도(空手)

たつ[tatsu] ──────── 일어서다(立)

❀ な행

な	に	ぬ	ね	の
na	ni	nu	ne	no

なつ[natsu] ──────── 여름(夏)

にわ[niwa] ──────── 정원(庭)

ぬく[nuku] ──────── 뽑다(抜)

ねじ[neji] ──────── 나사

のる[noru] ──────── 타다

❀ は행

は	ひ	ふ	へ	ほ
ha	hi	hu	he	ho

はな[hana] ──────── 꽃(花)

ひやし[hiyasu] ──────── 차게 하다

ふゆ[huyu] ──────── 겨울(冬)

へた[heta] ──────── 서투르다(下手)

ほし[hoshi] ──────── 별(星)

❀ ま행

ま	み	む	め	も
ma	mi	mu	me	mo

まち[machi] ──────── 도시, 거리(町)

みかん[mikann] ──────── 귤

むし[mushi] ──────── 벌레

あめ[ame] ──────── 비(雨)

もち[mochi] ──────── 떡

🌸 ら행

ら	り	る	れ	ろ
ra	ri	ru	re	ro

らいねん[rainenn] —— 내년(來年)

もり[mori] ———— 숲(森)

るす[rusu] ———— 부재중

かれ[kare] ———— 그이, 그 남자(彼)

ろく[roku] ———— 육(六)

5) 濁音(だくぉん)

🌸 が행

が	ぎ	ぐ	げ	ご
ga	gi	gu	ge	go

がいこく[gaikoku] —— 외국(外国)

かぎ[kagi] ———— 열쇠

すぐ[sugu] ———— 곧

げた[geta] ———— 나막신

ごがつ[gogatsu] —— 오월(五月)

🌸 ざ행

ざ	じ	ず	ぜ	ぞ
za	zi	zu	ze	zo

ざせき[zaseki] ———— 좌석(座席)

じまん[ziman] ———— 자랑(自慢)

かず[kazu] ———— 수(数)

かぜ[kaze] ———— 바람(風)

ぞう[zou] ————— 코끼리(象)

だ행

だ	ぢ	づ	で	ど
da	zi	zu	de	do

だれ[dare] ──────── 누구

じびき[zibiki] ──────── 사전

まど[mado] ──────── 창문

ちぢむ[chizimu] ────── 오그라들다

つづく[tsuzuku] ────── 계속되다

ば행

ば	び	ぶ	べ	ぼ
ba	bi	bu	be	bo

ばか[baka] ──────── 바보

ぶた[buta] ──────── 돼지(豚)

べんとう[bentou] ────── 도시락

ひびき[hibiki] ──────── 울림

ぼうえき[boueki] ────── 무역(貿易)

6) 半濁音(はんだくおん)

ぱ행

ぱ	ぴ	ぷ	ぺ	ぽ
pa	pi	pu	pe	po

いっぱい[ippai] ────── 한 잔(一杯)

ぴかぴか[pikapika] ──── 반짝반짝

てんぷら[tempura] ──── 튀김

ぺこぺこ[pekopeko] ─── 쭈굴쭈굴

ぽつり[potsuri] ──────── 똑 똑

ㄱ) 拗音(ょうぉん)

✿ 清音

きゃ kya	しゃ sya	ちゃ cha	にゃ nya	ひゃ hya	みゃ mya	りゃ rya
きゅ kyu	しゅ syu	ちゅ chu	にゅ nyu	ひゅ hyu	みゅ myu	りゅ ryu
きょ kyo	しょ syo	ちょ cho	にょ nyo	ひょ hyo	みょ myo	りょ ryo

✿ 濁音과 半濁音

ぎゃ gya	じゃ zya	ぢゃ zya	びゃ bya	ぴゃ pya
ぎゅ gyu	じゅ zyu	ぢゅ zyu	びゅ byu	ぴゅ pyu
ぎょ gyo	じょ zyo	ぢょ zyo	びょ byo	ぴょ pyo

きゃ kya	きゅ kyu	きょ kyo

おきゃく [okyaku] ─────── 손님(お客)
きゅうか [きゅうか] ─────── 휴가(休暇)
きょり [kyori] ─────── 거리(距離)

しゃ sya	しゅ syu	しょ syo

きしゃ [kisya] ─────── 기자(記者)
しゅっせき [shusseki] ─────── 출석(出席)
じゅうしょ [zyuusyo] ─────── 주소(住所)

ちゃ cha	ちゅ chu	ちょ cho

おちゃ [ocha] ─────── 차(茶)
ちゅうもん [chuumon] ─────── 주문(注文)
ちょしょ [chosho] ─────── 저서(著書)

にゃ nya	にゅ nyu	にょ nyo

ろうにゃく [rounyaku] ——— 노약(老若)

ぎゅうにゅう [gyuunyuu] — 우유(牛乳)

にょうほう [nyoubou] ——— 처(妻)

ひゃ hya	ひゅ hyu	ひょ hyo

ひゃく [hyaku] ——————— 백(百)

ひょうげん [hyougen] ——— 표현(表現)

ひょうか [hyouka] ———— 평가(評価)

みゃ mya	みゅ myu	みょ myo

みゃく [myaku] ————— 맥(脈)

みょうさく [myousaku] ——— 묘책(妙策)

ミュージカル [myuzikaru] — 뮤지칼

りゃ rya	りゅ ryu	りょ ryo

りゃく [ryaku] ——————— 약(略)

りゅうこう [ryuukou] ——— 유행(流行)

りょこう [ryokou] ———— 여행(旅行)

ぎゃ gya	ぎゅ gyu	ぎょ gyo

ぎゃく [gyaku] － 거꾸로(逆)

ぎゅうにゅう [gyuunyuu] － 우유(牛乳)

ぎょうじ [gyouzi] － 행사(行事)

じゃま [zyama] ——————— 방해(妨害)

しゅじゅつ [syuzyutsu] ——— 수술(手術)

じょし [zyoshi] —————— 여자(女子)

びゃ bya	びゅ byu	びょ byo

さんびゃく [sanbyaku] ——— 삼백(三百)

びょういん [byouin] ——— 병원(病院)

ぴゃ	ぴゅ	ぴょ
pya	pyu	pyo

ろっぴゃく[ropyaku] ──── 육백(六百)

コンピュータ[kompyuuta] ─ 컴퓨터

ぴょこんと[pyokonto] ──── 꾸벅

8) 撥音(はねる音)

① ま、ば、ぱ行 앞에서는 「m」으로 소리난다.

ぶんめい[bummei] ──────── 문명(文明)

こんぶ[kombu] ──────── 다시마

てんぷら[tempura] ──────── 튀김

② さ、た、な、ら、ざ、だ行 앞에서는 「n」으로 소리난다.

せんせい[sensei] ──────── 선생님(先生)

はんたい[hantai] ──────── 반대(反対)

おんな[onna] ──────── 여자(女)

べんり[benri] ──────── 편리(便利)

ばんざい[banzai] ──────── 만세(万歳)

げんだい[gendai] ──────── 현대(現代)

③ か、が行 앞에서는 「ng」으로 소리난다.

げんき[gengki] ──────── 원기(元気)

てんき[tengki] ──────── 날씨(天気)

おんがく[onggaku] ──────── 음악(音楽)

9) 促音(つまる音)

① か行 앞에서「ㄱ」받침이 된다.

がっこう[gakkou] ──────── 학교(学校)

いっかい[ikkai] ──────── 일층(一階)

② ぱ行 앞에서는「ㅂ」받침이 된다.

いっぱい[ippai] ──────── 가득(一杯)

いっぴき[ippiki] ──────── 한 마리(一匹)

③ さ、た行 앞에서는「ㅅ」받침이 된다.

まっすぐ[massugu] ──────── 곧바로

ざっし[zassi] ──────── 잡지(雑誌)

いっとう[ittou] ──────── 일등(一等)

たっせい[tassei] ──────── 달성(達成)

10) 長音(ちょうおん)

① あ段音 다음에는「あ」를 쓴다.

おばあさん[obāsan] ──────── 할머니

おばさん[obasan] ──────── 아주머니

おかあさん[okāsan] ──────── 어머니

② い段音 다음에는「い」를 쓴다.

おじいさん[ojīsan] ─────── 할아버지

おじさん[ojisan] ─────── 아저씨

おにいさん[onīsan] ─────── 형님

③ う段音 다음에는「う」를 쓴다.

すうがく[sūgaku] ─────── 수학(数学)

くつう[kutsū] ─────── 고통(苦痛)

④ え段音 다음에는「え」또는「い」를 쓴다.

おねえさん[onēsan] ─────── 언니, 누나(姉)

せんせい[sensē] ─────── 선생님(先生)

けいかく[kēkaku] ─────── 계획(計劃)

⑤ お段音 다음에는「お」또는「う」를 쓴다.

おおきい[ōki] ─────── 크다(大)

こうこう[kōkō] ─────── 효도(孝行)

⑥ カタカナ의 경우에는「ー」로 나타낸다.

コーヒー[kōhi] ─────── 커피(coffee)

ケーキ[kēki] ─────── 케익(cake)

ビール[bīru] ─────── 맥주(beer)

カーテン[kāten] ─────── 커텐(curtain)

ボール[bōru] ─────── 공(ball)

제 **2** 과

あいさつ

학습목표   1. 상황별 기본적인 인사법을 익힌다.

학습포인트   1. 일본인의 인사법

2 あいさつ

🇯🇵 만났을 때의 인사

- おはようございます。

- こんにちは。

- こんばんは。

- お久_{ひさ}しぶりですね。

- お元気_{げんき}ですか。

- お変_かわりありませんか。

🇯🇵 감사의 인사

- どうも ありがとうございます。

- いろいろ おせわになりました。

- おつかれさまでした。

새 로 나 온 단 어

- おはようございます 안녕하세요(아침인사)
- こんにちは 안녕하세요(낮 인사)
- こんばんは 안녕하세요(저녁인사)
- お久しぶりですね 오랜만입니다
- お元気ですか 잘 지내셨지요
- お変わりありませんか 별고 없으시죠
- どうも 정말, 매우, 참
- ありがとうございます 감사합니다
- いろいろ 여러 가지
- せわになりました 신세 많이 졌습니다
- おつかれさまでした 수고 많으셨습니다

헤어질 때의 인사

- さようなら。
- では、また。
- じゃね。
- お先^{さき}に 失礼^{しつれい}します。
- おやすみなさい。

사과할 때의 인사

- どうも すみません。
- ごめんなさい。
- もうしわけございません。
- 失礼しました。

새 로 나 온 단 어

- さようなら 안녕히 가세요
- じゃね 그럼 또(봐, 만나)
- おやすみなさい 안녕히 주무세요
- ごめんなさい 죄송합니다
- 失礼しました 실례가 많았습니다
- では、また 그럼 또(만나요)
- お先に 失礼します 먼저 실례하겠습니다
- すみません 미안합니다
- もうしわけございません 죄송합니다

식사할 때의 인사

- いただきます。
- ごちそうさまでした。

집을 나설 때와 돌아올 때의 인사

- いってきます。
- いってらっしゃい。
- お気をつけて どうぞ。
- ただいま。
- おかえりなさい。

축하 인사

- おめでとうございます。

새 로 나 온 단 어

- いただきます 잘 먹겠습니다
- いってきます 다녀오겠습니다
- 気をつけて 조심히
- ただいま 다녀왔습니다
- おめでとうございます 축하합니다
- ごちそうさまでした 잘 먹었습니다
- いってらっしゃい 다녀오세요
- どうぞ 어서(잘 다녀오세요)
- おかえりなさい 어서 오세요

제 **3** 과

はじめまして

1. 자기 소개하는 법을 익힌다.

1. 私は金由美です。
2. 金さんは中国人ですか。
3. 私は中国人ではありません。

3 はじめまして

<ruby>田中<rt>た なか</rt></ruby> <ruby>先生<rt>せんせい</rt></ruby>	<ruby>木村<rt>き むら</rt></ruby>さん、こんにちは。
	こちらは<ruby>留学生<rt>りゅうがくせい</rt></ruby>の<ruby>金<rt>キム</rt></ruby>さんです。
<ruby>金由美<rt>キムユミ</rt></ruby>	はじめまして。
	<ruby>私<rt>わたし</rt></ruby>は金由美です。
	よろしくおねがいします。
木村	はじめまして。<ruby>木村由香<rt>き むらゆ か</rt></ruby>です。
	こちらこそ、どうぞよろしく。
	金さんは<ruby>中国人<rt>ちゅうごくじん</rt></ruby>ですか。
金由美	いいえ、私は中国人ではありません。
	<ruby>韓国人<rt>かんこくじん</rt></ruby>です。

새로나온단어

- **先生** 선생님
- **留学生** 유학생
- **~です** ~입니다
- **よろしくおねがいします** 잘 부탁합니다
- **中国人** 중국인
- **韓国人** 한국인

- こちら 이쪽
- ~の ~의
- はじめまして 처음 뵙겠습니다
- いいえ 아니오

- ~は ~은/는
- ~さん ~씨, ~님
- **私** 나, 저
- こちらこそ どうぞよろしく 저야말로 잘 부탁합니다
- ~ではありません ~가 아닙니다

핵심 문법과 문형

① ～は～です　～은/는 ～입니다.([は]는 조사로 쓰일 때는 [wa]로 읽는다.)

私は大学生です。　　나는 대학생입니다.

私は会社員です。　　나는 회사원입니다.

私は日本人です。　　나는 일본인입니다.

② ～ではありません　～은/는, ～이/가 아닙니다.

私は先生ではありません。　　나는 선생님이 아닙니다.

私は会社員ではありません。　　나는 회사원이 아닙니다.

私はアメリカ人ではありません。　　나는 미국인이 아닙니다.

③ の의 용법

私の本です。(소유)　나의 책입니다. (～의)

日本大学の先生です。(소속)　일본대학의 선생님입니다. (～의)

英語の本 (속성) 해석되지 않음　영어책

日本人の木村さん (동격)　일본인인 기무라씨 (～인)

새 로 나 온 단 어

‣ 会社員　회사원　　　‣ アメリカ人　아메리카인　　　‣ 本　책
‣ 英語　영어　　　‣ シェフ　chef　　　‣ 友だち　친구

④ 人称代名詞 인칭대명사

❀ 1인칭(自称, 자칭)

わたくし	わたし	ぼく	おれ
저	저, 나	나, 저	나

❀ 2인칭(対称, 대칭)

あなた	きみ	おまえ
당신	자네	너

❀ 3인칭(他称, 타칭)

かれ(彼)	かのじょ(彼の女)
그	그녀

❀ 원근에 따른 여러 가지 지칭

근칭	중칭	원칭	부정칭
このかた	そのかた	あのかた	どのかた(どなた)
이분	그분	저분	어느 분
このひと	そのひと	あのひと	だれ
이 사람	그 사람	저 사람	누구

일본인의 성씨

- 田中(たなか)
- 田原(たはら)
- 田村(たむら)
- 山田(やまだ)
- 内田(うちだ)
- 平田(ひらた)
- 深田(ふかだ)
- 藤田(ふじた)
- 古田(ふるた)
- 森田(もりた)
- 安田(やすだ)
- 山田(やまだ)
- 柳田(やなぎだ)
- 吉田(よしだ)
- 和田(わだ)
- 福田(ふくだ)
- 小川(おがわ)
- 中川(なかがわ)
- 長谷川(はせがわ)
- 早川(はやかわ)

- 岡田(おかだ)
- 金田(かねだ)
- 北田(きただ)
- 黒田(くろだ)
- 久保田(くぼた)
- 野村(のむら)
- 中村(なかむら)
- 今井(いまい)
- 永井(ながい)
- 酒井(さかい)
- 新井(あらい)
- 大山(おおやま)
- 丸山(まるやま)
- 横山(よこやま)
- 徳山(とくやま)
- 金山(かねやま)
- 松本(まつもと)
- 山本(やまもと)
- 橋本(はしもと)
- 服部(はっとり)

- 島田(しまだ)
- 杉田(すぎた)
- 津田(つだ)
- 戸田(とだ)
- 原田(はらだ)
- 長島(ながしま)
- 樋口(ひぐち)
- 関口(せきぐち)
- 村上(むらかみ)
- 井上(いのうえ)
- 石原(いしはら)
- 上原(うえはら)
- 落合(おちあい)
- 高橋(たかはし)
- 清水(しみず)
- 小林(こばやし)
- 菊地(きくち)
- 小野(おの)
- 近藤(こんどう)
- 遠藤(えんどう)

- 石川(いしかわ)
- 吉川(よしかわ)
- 加藤(かとう)
- 伊藤(いとう)
- 佐藤(さとう)
- 斎藤(さいとう)
- 木村(きむら)
- 今村(いまむら)
- 上村(うえむら)
- 山村(やまむら)
- 吉村(よしむら)

- 木下(きのした)
- 松下(まつした)
- 山下(やました)
- 石沢(いしざわ)
- 小沢(おざわ)
- 黒沢(くろさわ)
- 水谷(みずたに)
- 鈴木(すずき)
- 佐々木(ささき)
- 三島(みしま)
- 中島(なかじま)

- 土井(どい)
- 安部(あべ)
- 石井(いしい)
- 金子(かねこ)
- 神田(かんだ)
- 上野(うえの)
- 山崎(やまざき)
- 柳(やなぎ)
- 林(はやし)
- 南(みなみ)
- 角(すみ)

🇯🇵 우리나라 성씨의 가타카나 표기

- 김(金)　キム
- 이(李)　イ
- 박(朴)　パク
- 최(崔)　チェ
- 정(鄭)　チョン
- 강(姜)　カン
- 조(趙)　チョ
- 고(高)　コ
- 문(文)　ムン

- 윤(尹)　ユン
- 장(張)　チャン
- 임(林)　イム
- 한(韓)　ハン
- 신(申)　シン
- 오(吳)　オ
- 서(徐)　ソ
- 전(田)　チョン
- 민(閔)　ミン

- 권(權)　クォン
- 황(黃)　ファン
- 송(宋)　ソン
- 안(安)　アン
- 유(柳)　ユ
- 홍(洪)　ホン
- 전(全)　チョン
- 석(石)　ソク
- 소(蘇)　ソ

- 손(孫)　ソン
- 양(梁)　ヤン
- 배(裵)　ペ
- 백(白)　ペク
- 조(曹)　チョ
- 허(許)　ホ
- 남(南)　ナム
- 심(沈)　シム
- 유(劉)　ユ
- 노(盧)　ノ
- 하(河)　ハ
- 유(兪)　ユ
- 정(丁)　チョン
- 성(成)　ソン
- 곽(郭)　ク張ク
- 차(車)　チャ
- 구(具)　ク
- 우(禹)　ウ
- 주(朱)　チュ
- 나(羅)　ナ
- 임(任)　イム

- 신(辛)　シン
- 지(池)　チ
- 진(陳)　チン
- 엄(嚴)　オム
- 원(元)　ウォン
- 채(蔡)　チェ
- 천(千)　チョン
- 방(方)　パン
- 양(楊)　ヤン
- 공(孔)　コン
- 현(玄)　ヒョン
- 강(康)　カン
- 함(咸)　ハム
- 변(卞)　ピョン
- 노(魯)　ノ
- 염(廉)　ヨム
- 변(邊)　ピョン
- 여(呂)　ヨ
- 추(秋)　チュ
- 도(都)　ト
- 신(愼)　シン

- 설(薛)　ソル
- 선(宣)　ソン
- 주(周)　チュ
- 길(吉)　キル
- 마(馬)　マ
- 연(延)　ヨン
- 표(表)　ピョ
- 위(魏)　ウィ
- 명(明)　ミョン
- 기(奇)　キ
- 방(房)　パン
- 반(潘)　パン
- 왕(王)　ワン
- 금(琴)　クム
- 옥(玉)　オク
- 육(陸)　ユク
- 인(印)　イン
- 맹(孟)　メン
- 제(諸)　チェ
- 탁(卓)　タク
- 진(秦)　チン

문장연습

예문 李さん・中国人 ➤➤ 李さんは中国人ですか。

➤➤ 李さんは中国人ではありません。

1) スミスさん・シェフ

➤➤

➤➤

2) 木村さん・会社員

➤➤

➤➤

3) 金さん・日本大学の学生

➤➤

➤➤

4) 金さん・木村さんの友だち

➤➤

➤➤

4) 李さん・留学生

➤➤

➤➤

あれは野菜<ruby>や<rt></rt></ruby>です

1. 지시대명사와 연체사(こ、そ、あ、ど)를 익힌다.

1. 私は金由美です。
2. 金さんは中国人ですか。
3. 私は中国人ではありません。

4 あれは野菜です

田中 先生	木村さん、この本はだれのですか。
木村	それは金さんのです。
田中 先生	金さん、これは何の本ですか。
金由美	それは料理の本です。
田中 先生	金さんの専攻は何ですか。
金由美	私の専攻は日本料理です。
田中 先生	木村さん、
	あのテーブルの上のものは何ですか。
木村	あれは野菜としょうゆです。
田中 先生	テーブルの下には何がありますか。
木村	テーブルの下には何もありません。

새로나온단어

- だれ 누구
- 料理 요리
- 野菜 야채
- テーブル 테이블
- ~には ~에는
- 何 무엇, 무슨
- 専攻 전공
- ~と ~와/과
- 上 위
- ~も ~도
- ~か ~까?
- ところで 그런데
- しょうゆ 간장
- もの 사물, 물건
- ありません 없습니다

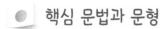 핵심 문법과 문형

① こ、そ、あ、ど 용법

분류	事物	連体詞	場所	連体詞	方向	副詞形
근칭(こ)	これ 이것	この 이	ここ 여기	こんな 이런	こちら (こっち) 이쪽	こう 이렇게
중칭(そ)	それ 그것	その 그	そこ 거기	そんな 그런	そちら (そっち) 그쪽	そう 그렇게
원칭(あ)	あれ 저것	あの 저	あそこ 저기	あんな 저런	あちら (あっち) 저쪽	ああ 저렇게
부정칭(ど)	どれ 어느 것	どの 어느	どこ 어디	どんな 어떤	どちら (どっち) 어느 쪽	どう 어떻게

- ここはどこですか。　여기는 어디입니까?
- この人はだれですか。　이 사람은 누구입니까?
- お席^{せき}はこちらです。　좌석은 이쪽입니다.
- これはどうですか。　이것은 어떻습니까?

② ～は何ですか。～은/는 무엇입니까?

- これは何ですか。　이것은 무엇입니까?
- それはジャムです。　그것은 잼입니다.
- それはバターです。　그것은 버터입니다.
- あれは何ですか。　저것은 무엇입니까?

- あれは日本の和牛です。　저것은 일본의 와규(소고기)입니다.

- あれは韓国のキムチです。　저것은 한국의 김치입니다.

③ ～の　～의 것(소유의 대명사)

- これは私のです。　이것은 내 것입니다.

- それは金さんのです。　그것은 김 선생님 것입니다.

- あれは誰のですか。　저것은 누구 것입니까?

④ ～と　～와/과

- ごはんと味噌汁　밥과 된장국

- パンとチーズ　빵과 치즈

- えびとかに　새우와 게

⑤ ～も　～도

- 私も韓国人です。　나도 한국인입니다.

- 何もありません。　아무것도 없습니다.

- お金もありません。　돈도 없습니다.

새 로 나 온 단 어

● お席　좌석	● ジャム　잼	● バター　버터
● ごはん　밥	● 味噌汁　된장국	● パン　빵
● チーズ　치즈	● えび　새우	● かに　게
● お金　돈		

⑥ 위치명사와 존재표현

うえ(上) 위	した(下) 밑	なか(中) 안, 속	そと(外) 밖	そば(側) 옆
まえ(前) 앞	うしろ(後) 뒤	ひだり(左) 왼쪽	みぎ(右) 오른쪽	よこ(横) 옆
ひがし(東) 동쪽	にし(西) 서쪽	みなみ(南) 남쪽	きた(北) 북쪽	となり(隣) 옆, 이웃

	있습니다	없습니다
사물의 존재	あります	ありません
사람, 동물의 존재	います	いません

- まな板の上に包丁があります。　도마 위에 식칼이 있습니다.

- 食堂は駅の前にあります。　식당은 역 앞에 있습니다.

- 金さんの左に木村さんがいます。　김 선생님의 왼쪽에 기무라씨가 있습니다.

- 銀行の隣にホテルがあります。　은행 옆에 호텔이 있습니다.

새 로 나 온 단 어

- まな板　도마
- 包丁　부엌칼
- 食堂　식당
- 駅　역
- 銀行　은행

문장연습

예문 これは何ですか。(それ、牛肉^{ぎゅうにく}) ≫ <u>それは牛肉です。</u>

1) これは何ですか。(それ、豚肉^{ぶたにく})

   ≫

2) それは何ですか。(これ、とりにく)

   ≫

3) あれは何ですか。(あれ、たまご)

   ≫

4) あれは何ですか。(あれ、魚^{さかな})

   ≫

새로나온단어

- **牛肉** 소고기
- **豚肉** 돼지고기
- **とりにく** 닭고기
- **たまご** 계란
- **魚** 생선

제 **5** 과

いくらですか

학습목표   1. 수사를 익히고 가격을 말한다.

학습포인트   1. ありますか。
          2. いくらですか。
          3. 一つください。

5 いくらですか

金由美　すみません。お弁当ありますか。

店員　はい、こちらです。

金由美　いくらですか。

店員　５６０円です。

金由美　飲み物はどこにありますか。

店員　はい、お飲み物はあちらです。

金由美　このお茶はいくらですか。

店員　お茶は１本１１０円です。

金由美　では、お弁当一つとお茶二つください。

店員　はい、かしこまりました。

　　　合わせて、７８０円です。

　　　ありがとうございました。

새로 나온 단어

- お弁当 도시락
- こちら 이쪽
- 飲み物 음료수
- この 이
- 一つ 하나
- かしこまりました 잘 알겠습니다

- ありますか 있습니까
- いくら 얼마
- どこ 어디
- お茶 차
- 二つ 둘

- はい 네
- ~円 ~엔
- あちら 저쪽
- 1本 한 병
- ください 주세요
- 合わせて 합해서

핵심 문법과 문형

① **いくらですか。 얼마입니까?**

- チーズケーキはいくらですか。 　치즈케이크는 얼마입니까?

- アイスクリームはいくらですか。 　아이스크림은 얼마입니까?

- サラダはいくらですか。 　샐러드는 얼마입니까?

② **～(を)ください。 ～을 주세요.**

- やきとりとビールください。 　야키토리와 맥주 주세요.

- お水 一杯ください。 　물 한 잔 주세요.

- おにぎりとお茶ください。 　주먹밥과 녹차 주세요.

③ **～(を)合わせて、 ～을 합해서 ～모두해서**

- コーラとハンバーガを合わせて、560円です。

  콜라와 햄버거를 합해서 560엔입니다.

- 合わせて、ちょうど一万円です。 　합해서 정확히 만엔입니다.

- やきとりとビール合わせていくらですか。

  야키토리와 맥주 합해서 얼마입니까?

새 로 나 온 단 어

・チーズケーキ　치즈케잌	・アイスクリーム　아이스크림	・サラダ　샐러드
・やきとり　야키토리	・お茶　차(녹차)	・ビール　맥주
・コーラ　콜라	・ハンバーガ　햄버거	

④ 일본어의 수사

뜻	표기	읽기	뜻	표기	읽기
하나	一つ	ひとつ	여섯	六つ	むっつ
둘	二つ	ふたつ	일곱	七つ	ななつ
셋	三つ	みっつ	여덟	八つ	やっつ
넷	四つ	よっつ	아홉	九つ	ここのつ
다섯	五つ	いつつ	열	十	とお

숫자	읽기	숫자	읽기	숫자	읽기	숫자	읽기
1	いち	11	じゅういち	110	ひゃくじゅう	1,100	せんひゃく
2	に	20	にじゅう	200	にひゃく	2,000	にせん
3	さん	30	さんじゅう	300	さんびゃく	3,000	さんぜん
4	し, よん	40	よんじゅう	400	よんひゃく	4,000	よんせん
5	ご	50	ごじゅう	500	ごひゃく	5,000	ごせん
6	ろく	60	ろくじゅう	600	ろっぴゃく	6,000	ろくせん
7	しち, なな	70	ななじゅう	700	ななひゃく	7,000	ななせん
8	はち	80	はちじゅう	800	はっぴゃく	8,000	はっせん
9	きゅう, く	90	きゅうじゅう	900	きゅうひゃく	9,000	きゅうせん
10	じゅう	100	ひゃく	1,000	せん	10,000	いちまん

⑤ 여러 가지 助数詞

	가방, 짐 ~개	술병, 연필, 꽃 ~자루, 병	술잔 ~잔	종이, 서류, 티켓 ~장	차, 비행기 ~대
1	一個 いっこ	一本 いっぽん	一杯 いっぱい	一枚 いちまい	一台 いちだい
2	二個 にこ	二本 にほん	二杯 にはい	二枚 にまい	二台 にだい
3	三個 さんこ	三本 さんぼん	三杯 さんばい	三枚 さんまい	三台 さんだい
4	四個 よんこ	四本 よんほん	四杯 よんはい	四枚 よんまい	四台 よんだい
5	五個 ごこ	五本 ごほん	五杯 ごはい	五枚 ごまい	五台 ごだい
6	六個 ろっこ	六本 ろっぽん	六杯 ろっぱい	六枚 ろくまい	六台 ろくだい
7	七個 ななこ	七本 ななほん	七杯 ななはい	七枚 ななまい	七台 ななだい
8	八個 はっこ	八本 はっぽん	八杯 はっぱい	八枚 はちまい	八台 はちだい
9	九個 きゅうこ	九本 きゅうほん	九杯 きゅうはい	九枚 きゅうまい	九台 きゅうだい
10	十個 じゅっこ	十本 じゅっぽん	十杯 じゅっぱい	十枚 じゅうまい	十台 じゅうだいお
몇	何個 なんこ	何本 なんぼん	何杯 なんばい	何枚 なんまい	何台 なんだい

⑥ 色んなお酒 여러 가지 술

- ウオッカ(vodka) 보드카

- オンザロック(on the rocks) 온더락 ↔ ストレイト(straight) 스트레이트

- カクテル(cocktail) 칵테일

- 炭酸水(soda water : たんさんすい) 소다 워터

- 辛口(dry : からくち) 드라이

- ビール(beer) 맥주

- かんビール(canned beer) 캔맥주

- 生ビール(draft beer) 생맥주

- テキーラ(tequila) 테킬라

- 日本酒(sake : にほんしゅ) 정종

- ハイボール(wisky and soda) 위스키 앤 소다

- ぶどう酒(wine) 와인

- ブランデー(brandy) 브랜디

- バーボン(burbon) 버본, 위스키

- マティーニ(martini) 마티니, 칵테일

- 水割(みずわ)り(whisky and water) 위스키 앤 워터

- ラム(rum) 럼

⑦ 色んな果物　여러 가지 과일

- アップル(apple) 사과
- いちご(strawberry) 딸기
- 柿(かき) 감
- ペア(pear : 梨 なし) 배
- さくらんぼ(cherry) 체리
- すいか(watermelon) 수박
- パイナップル(pineapple) 파인애플
- バナナ(banana) 바나나
- ぶどう(grape) 포도
- マンゴ(mango) 망고
- みかん(mandarin) 귤
- ピーチ(peach : 桃 もも) 복숭아

⑧ 色んな飲み物　여러 가지 음료

- グレープフルーツ ジュース(grapefruit juice) 그래이프후루츠 주스
- ダイエット飲料(diet drink) 다이어트음료
- トマト ジュース(tomato juice) 토마토 주스
- パイナップル ジュース(pineapple juice) 파인애플 주스
- パパイヤ ジュース(papaya juice) 파파야 주스

- ぴーち ジュース(peach juice) 피취 주스

- フルーツ ジュース(fruit juice) 후루츠 주스

- フルーツ パンチ(fruit punch) 후루츠 펀치

- マンゴ ジュース(mango juice) 망고 주스

- お水(みず) (water) 워터

- ミネラルウォーター(mineral water) 미네랄 워터

- ミルク(milk) 밀크

- ミルク セーキ(milk shake) 밀크 쉐이크

- レモンネード(lemonade) 레몬에이드

- ティー(tea) 티이(홍차)

  ミルクティー(tea with milk) 밀크 차

  レモンティー(tea with lemon) 레몬 차

문장연습

예문 じゃがいも・三つ ➤➤ じゃがいもを 三つ ください。

1) トマト・五個

➤➤

2) かんコーヒ・一本

➤➤

3) 紅茶・一杯

➤➤

4) チーズ・一枚

➤➤

새 로 나 온 단 어

- じゃがいも 감자
- かんコーヒ 캔커피
- トマト 토마토
- 紅茶 홍차
- 五個 다섯 개
- 一枚 한 장

4,500円 ➤➤ 　よんせんごひゃくえん

1) 3,600円

➤➤

2) 16,300円

➤➤

3) 48,800円

➤➤

4) 1,144円

➤➤

5) 999円

➤➤

今、何時ですか

いま　なんじ

학습목표　1. 시간과 요일을 말한다.

학습포인트
1. 何時からですか。
2. 何時までですか。
3. ～ですね。

6 今、何時ですか
いま なんじ

木村	金さん、アルバイトは何時から何時までですか。
金由美	はい、駅前の居酒屋で午後5時から夜10時までです。
木村	土日は休みですか。
金由美	いいえ、日曜日は休みですが、 土曜日は休みじゃありません。
木村	では、土曜日は何時から何時までですか。
金由美	はい、午前11時から午後6時までです。
木村	そうですか。たいへんですね。
金由美	木村さん、今 何時ですか。
木村	4時半です。
金由美	もうそんな時間ですか。 そろそろアルバイトの時間ですね。

새로나온단어

• アルバイト 아르바이트	• 何時 몇시	• ~から ~부터
• ~まで ~까지	• 駅前 역 앞	• 居酒屋 선술집
• ~で ~에서(장소)	• 午後 오후	• 夜 밤
• 土日 토, 일요일	• 休み 휴일	• 午前 오전
• そうですか 그렇습니까	• たいへんですね。 힘들겠네요	• 今 지금
• 半 반(30분)	• もう 이제, 벌써	• 時間 시간
• そろそろ 슬슬, 이제 곧		

핵심 문법과 문형

① ～から　～(으)로부터

- 何時からですか。　몇 시부터 입니까?

- あのパン屋は何時からですか。　저 빵가게는 몇 시부터 입니까?

- あそこのレストランは何時からですか。　저기 레스토랑은 몇 시부터 입니까?

② ～まで　～까지

- 何時までですか。　몇 시까지 입니까?

- この店は何時までですか。　이 가게는 몇 시까지 입니까?

- やきとり屋は何時までですか。　야키토리가게는 몇 시까지 입니까?

③ ～ですね。～이군요!

- 金さんはいつも元気ですね。　김 선생님은 언제나 건강하시네요!

- この料理はとてもおいしいですね。　이 요리는 무척 맛있군요!

④ ～で　～에서(장소)

- 学校で勉強をします。　학교에서 공부를 합니다.

- パン屋でアルバイトをします。　빵집에서 아르바이트를 합니다.

새 로 나 온 단 어

- パン屋　빵집
- 元気　원기(건강)
- 勉強　공부
- レストラン　레스토랑
- おいしい　맛있다
- ～を　～을/를
- 店　가게
- 学校　학교
- します　합니다

⑤ 何時、何分 몇 시, 몇 분

한 시	1時	一時	いちじ
두 시	2時	二時	にじ
세 시	3時	三時	さんじ
네 시	4時	四時	よじ
다섯 시	5時	五時	ごじ
여섯 시	6時	六時	ろくじ
일곱 시	7時	七時	しちじ
여덟 시	8時	八時	はちじ
아홉 시	9時	九時	くじ
열 시	10時	十時	じゅうじ
열한 시	11時	十一時	じゅういちじ
열두 시	12時	十二時	じゅうにじ
몇 시		何時	なんじ

1분	一分	いっぷん
2분	二分	にふん
3분	三分	さんぷん
4분	四分	よんぷん
5분	五分	ごふん
6분	六分	ろっぷん
7분	七分	ななふん
8분	八分	はっぷん、はちふん
9분	九分	きゅうふん
10분	十分	じゅっぷん、じっぷん
11분	十一分	じゅういっぷん
12분	十二分	じゅうにふん
20분	二十分	にじゅっぷん、にじっぷん
30분	三十分	さんじゅっぷん、さんじっぷん　半(はん)
40분	四十分	よんじゅっぷん、よんじっぷん
45분	四五分	よんじゅうごふん
몇분	何分	なんぷん

⑥ 시간대별 하루

あけがた 明方 새벽	あさ 朝 아침	ひる 昼 점심	ゆうがた 夕方 저녁	よる 夜 밤	よなか 夜中 한밤중
ごぜん 午前 오전			ごご 午後 오후		

⑦ 요일

げつようび 月曜日 월요일	かようび 火曜日 화요일	すいようび 水曜日 수요일	もくようび 木曜日 목요일
きんようび 金曜日 금요일	どようび 土曜日 토요일	にちようび 日曜日 일요일	なんようび 何曜日 무슨 요일

• 金曜日の夜はとてもあつい。　금요일의 밤은 무척 뜨겁다.

• 月曜日の朝はとてもいそがしい。　월요일 아침은 무척 바쁘다.

• 土曜日の午後はとてもたのしい。　토요일 오후는 무척 즐겁다.

새 로 나 온 단 어

• あつい　뜨겁다 덥다　　• いそがしい　바쁘다　　• たのしい　즐겁다

문장연습

예문 コーヒーショップ・朝 9時・夜11時

➤➤ コーヒーショップは　朝9時から夜11時までです。

1) カフェ・午後5時・夜11時

➤➤

2) 学校・午前 9時・午後 5時

➤➤

3) 記念パーティ・水曜日の夕方・夜中

➤➤

4) 休みは・日曜日・次の日曜日

➤➤

5) 休学は・今年・来年

➤➤

 새로나온단어

- **コーヒーショップ** 커피숍
- **カフェ** 카페
- **学校** 학교
- **記念** 기념
- **パーティ** 파티
- **次** 다음

예문 2時 12分 ➤➤ にじじゅうにふん

1) 4時 14分

   ➤➤

2) 6時 36分

   ➤➤

3) 7時 48分

   ➤➤

4) 9時 30分

   ➤➤

5) 12時 41分

   ➤➤

<ruby>誕生日<rt>たんじょう び</rt></ruby>

<ruby>お誕生日<rt>たんじょう び</rt></ruby>はいつですか

학습목표　1. 시제와 달력을 익히고 날짜를 말한다.

학습포인트
1. 今日は何月何日ですか。
2. 明日は何曜日ですか。
3. 来週の月曜日です。

7　お<ruby>誕生日<rt>たんじょう び</rt></ruby>はいつですか

木村	金さん、お<ruby>誕生日<rt>たんじょうび</rt></ruby>はいつですか。
金由美	私の誕生日は 12 月 5 日です。
木村	では、<ruby>来週<rt>らいしゅう</rt></ruby>の<ruby>月曜日<rt>げつようび</rt></ruby>ですね。
	<ruby>何年生<rt>なんねん う</rt></ruby>まれですか。
金由美	1996年生まれです。木村さんは。
木村	私も1996年生まれです。
	誕生日は12月 2 日です。
金由美	えっ、では、
	<ruby>昨日<rt>きのう</rt></ruby>が木村さんのお誕生日はでしたか。
	<ruby>残念<rt>ざんねん</rt></ruby>ですね。
	さあ、<ruby>夕方<rt>ゆうがた</rt></ruby>、ビールでも<ruby>一杯<rt>いっぱい</rt></ruby>いかがでしょう。
木村	ありがとうございます。

새로나온단어

- お誕生日　생신
- いつ　언제
- 来週　다음 주
- 何年　몇 년
- 生まれ　생(태어남)
- ~も　~도
- えっ　네에
- 昨日　어제
- ~が　~이/가
- ~でした　이었습니다
- 残念ですね　아쉽네요
- さあ　자 (그럼)
- ~でも　~라도
- いかがでしょう　어떻습니까?

● 핵심 문법과 문형

① 今日は何月何日ですか。 오늘은 몇 월 며칠입니까?

* オープンは何月何日ですか。 오늘은 몇 월 며칠입니까?

* こどもの日は何月何日ですか。 어린이날은 몇 월 며칠입니까?

* お正月は何月何日ですか。 설날은 몇 월 며칠입니까?

② 明日は何曜日ですか。 내일은 무슨 요일입니까?

* 昨日は何曜日でしたか。 어제는 무슨 요일이었습니까?

* 今日は何曜日ですか。 오늘은 무슨 요일입니까?

* 宴会は来週の何曜日ですか。 연회는 다음 주 무슨 요일입니까?

③ ～が ～이/가

* これが金さんの料理の本です。 이것이 김 선생님의 요리 책입니까?

* あれがたこやきですか。 저것이 타코야키입니까?

* これがカツ丼ですか。 이것이 까쓰동(돈까스덮밥)입니까?

④ ～でした ～이었습니다(です의 과거)

* 去年は2017年でした。 지난해는 2017년이었습니다.

* 昨日は私の誕生日でした。 어제는 나의 생일이었습니다.

* 先週は休みでした。 지난주는 휴가였습니다.

⑤ ～でもいかがでしょう。 ～라도 어떤지요?(어떨까요?)

- ラーメンでもいかがでしょう。　라면이라도 어떤지요?

- コーヒーでもいかがでしょう。　커피라도 어떤지요?

- お茶でも一杯いかがでしょう。　차라도 한잔 어떤지요?

⑥ 年月　년, 월

1년	一年	いちねん	1월	一月	いちがつ
2년	二年	にねん	2월	二月	にがつ
3년	三年	さんねん	3월	三月	さんがつ
4년	四年	よねん	4월	四月	しがつ
5년	五年	ごねん	5월	五月	ごがつ
6년	年六	ろくねん	6월	六月	ろくがつ
7년	七年	しちねん	7월	七月	しちがつ
8년	八年	はちねん	8월	八月	はちがつ
9년	九年	きゅう(く)ねん	9월	九月	くがつ
10년	十年	じゅうねん	10월	十月	じゅうがつ
11년	十一年	じゅういちねん	11월	十一月	じゅういちがつ
20년	二十年	にじゅうねん	12월	十二月	じゅうにがつ
몇 년	何年	なんねん	몇 월	何月	なんがつ

새 로 나 온 단 어

- オープン　오픈
- こどもの日　어린이날
- 宴会　연회
- たこやき　타코야키(문어빵)
- カツ丼　까쓰동(돈까쓰덮밥)
- ラーメン　라면

⑦ 日일

1일	一日	ついたち	17일	十七日	じゅうしちにち
2일	二日	ふつか	18일	十八日	じゅうはちにち
3일	三日	みっか	19일	十九日	じゅうくにち
4일	四日	よっか	20일	二十日	はつか
5일	五日	いつか	21일	二十一日	にじゅういちにち
6일	六日	むいか	22일	二十二日	にじゅうににち
7일	七日	なのか	23일	二十三日	にじゅうさんにち
8일	八日	ようか	24일	二十四日	にじゅうよっか
9일	九日	ここのか	25일	二十五日	にじゅうごにち
10일	十日	とうか	26일	二十六日	にじゅうろくにち
11일	十一日	じゅういちにち	27일	二十七日	にじゅうしちにち
12일	十二日	じゅうににち	28일	二十八日	にじゅうはちにち
13일	十三日	じゅうさんにち	29일	二十九日	にじゅうくにち
14일	十四日	じゅうよっか	30일	三十日	さんじゅうにち
15일	十五日	じゅうごにち	31일	三十一日	さんじゅういちにち
16일	十六日	じゅうろくにち	몇 일	何日	なんにち

きょねん(去年) 지난해	ことし(今年) 올해	らいねん(来年) 내년
せんげつ(先月) 지난달	こんげつ(今月) 이번 달	らいげつ(来月) 다음달
せんしゅう(先週) 지난주	こんしゅう(今週) 이번 주	らいしゅう(来週) 다음주
きのう(昨日) 어제	きょう(今日) 오늘	あした(明日) 내일

문장연습

예문 今日は月曜日です。　▶▶ 昨日は日曜日でした。

　　　　　　　　　　　▶▶ 明日は火曜日です。

1) 今日は金曜日です。

　▶▶

　▶▶

2) 今日は9月10日です。

　▶▶

　▶▶

3) 今月は5月です。

　▶▶

　▶▶

4) 今年は2018年です。

　▶▶

　▶▶

5) 今週の土曜日は休みです。

　▶▶

　▶▶

제 **8** 과

安くておいしいです
やす

학습목표 1. い형용사를 익히고 활용한다.

학습포인트 1. とてもおいしいですね。
2. 辛くはありません。
3. すごくおいしかったです。
4. 安くておいしいです。

8　安くておいしいです

金由美	木村さん、このキムチのお味はどうですか。
木村	おいしいですが、少し辛いですね。
金由美	日本にもキムチがありますか。
木村	はい、ありますが、辛くはありません。 色も白いです。
金由美	韓国のキムチと日本のキムチと どちらがおいしですか。
木村	それはやっぱり韓国のキムチの 方が安くておいしいです。
金由美	昨日のカルビの味はいかがでしたか。
木村	あ、昨日のカルビは少し甘みで、 すごくおいしかったです。 最高でした。

새로나온단어

- キムチ 김치
- 少し 조금
- ありますか 있습니까?
- **色** 색
- **方** 쪽
- 甘み 단맛
- おいしかったです 맛있었습니다
- お味 맛
- 辛い 맵다
- 辛くはありません 맵지는 않습니다
- 白い 희다
- 安くて 싸고
- ~で ~이고
- おいしい 맛있다
- ~にも ~에도
- ~が、 ~이지만,
- やっぱり 역시
- カルビ 갈비
- すごく 굉장히, 무척
- **最高** 최고

🔵 핵심 문법과 문형

① い형용사

| 원형 | ~い | おいしい | <ruby>甘<rt>あま</rt></ruby>い | <ruby>易<rt>やさ</rt></ruby>しい |

정중형 　　~い　⇒　~いです。

* ラーメンはおいしいです。　라면은 맛있습니다.

* ケーキは甘いです。　케이크는 달콤합니다.

* 日本語は易しいです。　일본어는 쉽습니다.

명사수식 　　~い　⇒　~い ＋ 명사

* おいしいラーメンです。　맛있는 라면입니다.

* 甘いケーキです。　달콤한 케이크입니다.

* 易しい日本語です。　쉬운 일본어입니다.

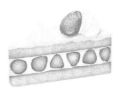

부정형 　　~い　⇒　~くありません。　~くないです。

* ラーメンはおいしくありません。　라면은 맛있지 않습니다.

* ラーメンはおいしくないです。　라면은 맛있지 않습니다.

* ケーキは甘くありません。　케이크는 달지 않습니다.

* ケーキは甘くないです。　케이크는 달지 않습니다.

* 日本語は易しくありません。　일본어는 쉽지 않습니다.

* 日本語は易しくないです。　일본어는 쉽지 않습니다.

연결형　～い　⇒　～くて

- ラーメンはおいしくて安いです。　　라면은 맛있고 쌉니다.
- ケーキは甘くやわらかいです。　　케이크는 달고 부드럽습니다.
- 日本語は易しくて面白いです。　　일본어는 쉽고 재미있습니다.

② ～が、 ～만, ～이지만, ～하지만,

- 小さいですが、重いですね。　　작지만 무겁군요!
- 安いですが、おいしいですね。　　싸지만 맛있군요!
- 大きいですが、軽いですね。　　작지만 비싸군요!

③ ～と～とどちらが～ですか。～와 ～ 어느 쪽이 ～입니까?

- ラーメンとやきそばとどちらが安いですか。

  라면과 야키소바 어느 쪽이 쌉니까?

- 日本と韓国とどちらが寒いですか。　　일본과 한국 어느 쪽이 춥습니까?

④ ～で、 ～이어서(원인)

- 少し辛みで、よかったです。　　조금 매콤해서 좋았습니다.

- 明日は休みで、会社には行きません。　　내일은 휴가여서 회사에는 가지 않습니다.

- 今回が最後で、後はありません。　　이번이 마지막으로 다음은 없습니다.

새 로 나 온 단 어

易しい	쉽다	甘い	달다	面白い	재미있다
小さい	작다	重い	무겁다	大きい	크다
軽い	가볍다	寒い	춥다	よかったです	좋았습니다
今回	이번, 금번	最後	마지막, 최후	後	뒤, 다음

い형용사 모음

黒(くろ)い	검다	白(しろ)い	희다
赤(あか)い	빨갛다	青(あお)い	파랗다
暑(あつ)い	덥다	寒(さむ)い	춥다
熱(あつ)い	뜨겁다	冷(つめ)たい	차다
厚(あつ)い	두껍다, 두텁다	薄(うす)い	얇다
暖(あたた)かい	따뜻하다	涼(すず)しい	서늘하다
温(あたた)かい	따뜻하다	冷(つめ)たい	차다
優(やさ)しい	다정하다	冷(つめ)たい	냉정하다
易(やさ)しい	쉽다	難(むずか)しい	어렵다
多(おお)い	많다	少(すくな)い	적다
高(たか)い	비싸다	安(やす)い	싸다
高(たか)い	높다	低(ひく)い	낮다
大(おお)きい	크다	小(ちい)さい	작다
長(なが)い	길다	短(みじか)い	짧다
深(ふか)い	깊다	浅(あさ)い	얕다
早(はや)い	이르다	遅(おそ)い	늦다
速(はや)い	빠르다	遅(おそ)い	느리다
強(つよ)い	강하다	弱(よわ)い	약하다
狭(せま)い	좁다	広(ひろ)い	넓다
太(ふと)い	굵다	細(ほそ)い	가늘다
重(おも)い	무겁다	軽(かる)い	가볍다

新(あたら)しい	새롭다	古(ふる)い	낡다
いい・よい	좋다	悪(わる)い	나쁘다
おもしろい	재미있다	つまらない	시시하다
固(かた)い	딱딱하다	柔(やわ)らかい	부드럽다
明(あか)るい	밝다	暗(くら)い	어둡다
近(ちか)い	가깝다	遠(とお)い	멀다
かわいい	귀엽다	にくい	밉다
かっこういい	멋있다	みともない	보기 흉하다
おとなしい	얌전하다	たくましい	씩씩하다
鋭(するど)い	예리하다	鈍(にぶ)い	둔하다
臭(くさ)い	고약한 냄새가 나다	うさんくさい	수상쩍다
嬉(うれ)しい	기쁘다	悲(かな)しい	슬프다
おかしい	이상하다	危(あぶ)ない	위험하다
美(うつく)しい	아름답다	そそっかしい	경솔하다
すごい	굉장하다	すばらしい	멋있다
偉(えら)い	위대하다, 훌륭하다	卑(いや)しい	천하다, 야비하다
みずみずしい	싱싱하다	汚(きたな)い	더럽다, 치사하다
すがすがしい	신선하다(공기)	息苦(いきくる)しい	답답하다
うるさい	시끄럽다	やかましい	소란스럽다
詳(くわ)しい	상세하다	細(こま)かい	잘다, 자세하다
恐(こわ)い	무섭다	珍(めずら)しい	드물다, 진귀하다

楽(たの)しい	즐겁다	正(ただ)しい	옳다, 바르다
痛(いた)い	아프다	寂(さび)しい	외롭다, 쓸쓸하다
若(わか)い	젊다	忙(いそが)しい	바쁘다
ややこしい	까다롭다	なつかしい	그립다
丸(まる)い	둥글다	四角(しかく)い	네모나다
美味(おい)しい うまい	맛있다	まずい	맛없다
甘(あま)い	달다	苦(にが)い	쓰다
		苦(くる)しい	힘들다
辛(から)い	맵다	渋(しぶ)い	떫다
甘辛(あまから)い	달콤 짭짤하다	塩辛(しおから)い	짭짤하다
酸(す)っぱい	시다	しょっぱい	짜다

 문장연습

 日本語・易しい・面白い

➤➤ <u>日本語は易しいです。</u>

➤➤ <u>日本語は易しくありません。日本語は易しくないです。</u>

➤➤ <u>日本語は易しくておもしろいです。</u>

1) 味・辛い・甘い

➤➤

➤➤

➤➤

2) この店・新しい・広い

➤➤

➤➤

➤➤

3) たこ焼き・安い・おいしい

➤➤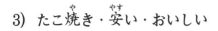

➤➤

➤➤

새 로 나 온 단 어

● **新しい** 새롭다   ● **広い** 넓다   ● たこ焼き 타코야키(문어빵)

조리 · 외식 전공에 맞춘

초급 일본어
회화

静かできれいな店です

　1. な형용사를 익히고 활용한다.

1. 私はラーメンが好きです。
2. あまり上手ではありません。
3. ここは静かできれいですね。

9 静かできれいな店です

木村	金さんはラーメンがお好きですか。
金由美	はい、好きです。 特に味噌ラーメンが大好きです。
木村	それでは、今日のお昼は ラーメンでいかがでしょう。
金由美	いいですね。
木村	ここはとても静かできれいな店でしょう。 ラーメンの他にはどんな食べ物が好きですか。
金由美	お好み焼きや牛丼なんかもいいですけど、 やっぱりお寿司やすきやきの方が何よりです。
木村	金さんは料理も上手ですか。
金由美	いいえ、料理はあまり上手ではありません。

새로나온단어

- お好きですか 좋아하십니까?
- 大好きです 매우 좋아합니다
- いい 좋다
- 食べ物 음식
- なんか 따위
- お寿司 초밥
- ~より ~보다
- 上手ではありません 능숙하지 않습니다
- 特に 특히
- それでは 그렇다면
- 静かで 조용하고
- お好み焼き 일본식 부침개
- ~ですけど ~입니다만
- すきやき 전골요리
- 上手 능숙하다, 잘하다
- 味噌 된장
- お昼 점심
- きれいな 깨끗한
- 牛丼 소고기덮밥
- やっぱり 역시
- 何 무엇
- あまり 그다지

핵심 문법과 문형

① い형용사

원형　　～だ　　親切だ　　有名だ　　暇だ

정중형　　～だ ⇒ ～です。

* あの人は親切です。

* あの店は韓国でいちばん有名です。

* 日曜日は暇です。

명사수식　～だ ⇒ ～な ＋ 명사

* 親切な人です。

* 韓国でいちばん有名な店です。

* 暇な日曜日です。

부정형　　～だ ⇒ ～ではありません。

* あの人は親切ではありません。

* あの店は韓国でいちばん有名ではありません。

* 日曜日は暇ではありません。

연결형　　～だ ⇒ ～で

* あの人は親切で真面目です。

* あの人はとてもきれいで有名です。

* 日曜日は暇で退屈です。

② 〜が好きだ。 〜을/를 좋아하다

• 私は刺身が好きです。

• 金さんは日本料理が上手です。

• 木村さんはサッカーが下手です。

③ 〜もいいですけど、 〜도 좋지만,

• コーヒーもいいですけど、

• 中華料理もいいですけど、

• 野球もいいですけど、

④ やっぱり 〜の方が何よりです。 역시 〜쪽을 (무엇보다)제일 좋아합니다.

• やっぱりコーラの方が何よりです。

• やっぱり日本料理の方が何よりです。

• やっぱりサッカーの方が何よりです。

새 로 나 온 단 어

• **親切**だ 친절하다	• **有名**だ 유명하다	• **暇**だ 한가하다
• きれいだ 예쁘다	• **退屈**だ 지루하다	• **刺身** 생선회
• サッカー 축구	• **下手** 서툴다	• **中華料理** 중화요리
• **野球** 야구		

な형용사 모음

豊(ゆた)かだ	윤택하다	貧乏(びんぼう)だ	가난하다
上手(じょうず)だ	능숙하다	下手(へた)だ	서툴다
得意(とくい)だ	잘하다	苦手(にがて)だ	서툴다
便利(べんり)だ	편리하다	不便(ふべん)だ	불편하다
大変(たいへん)だ	큰일이다	平気(へいき)だ	태연하다
にぎやかだ	번화하다	静(しず)かだ	조용하다
親切(しんせつ)だ	친절하다	不親切(ふしんせつ)だ	불친절하다
好(す)きだ	좋아하다	嫌(きら)いだ	싫어하다
上品(じょうひん)だ	고상하다	下品(げひん)だ	품위가 없다
大丈夫(だいじょうぶ)だ	괜찮다	無理(むり)だ	무리하다
大事(だいじ)だ	중요하다	無駄(むだ)だ	쓸데없다
真面目(まじめ)だ	성실하다	勝手(かって)だ	제멋대로다
結構(けっこう)だ	좋다, 허락하다	残念(ざんねん)だ	유감이다, 아쉽다
元気(げんき)だ	건강하다	丈夫(じょうぶ)だ	튼튼하다
貴重(きちょう)だ	귀중하다	大切(たいせつ)だ	소중하다
立派(りっぱ)だ	훌륭하다	見事(みごと)だ	훌륭하다
奇麗(きれい)だ	아름답다	素敵(すてき)だ	멋지다

華(はな)やかだ	화려하다	派手(はで)だ	화려하다
有名(ゆうめい)だ	유명하다	平和(へいわ)だ	평화롭다
駄目(だめ)だ	안 된다, 소용없다	不思議(ふしぎ)だ	이상하다
面倒(めんどう)だ	귀찮다	厄介(やっかい)だ	귀찮다, 까다롭다
簡単(かんたん)だ	간단하다	新鮮(しんせん)だ	신선하다
退屈(たいくつ)だ	지루하다	夢中(むちゅう)だ	몰두하다
色色(いろいろ)だ	여러 가지다	同(おな)じだ	같다
暇(ひま)だ	한가하다	無事(ぶじ)だ	무사하다

문장연습

예문 スマホ・便利^{べんり}だ・簡単^{かんたん}だ

➧➧　<u>スマホは便利です。</u>

➧➧　<u>スマホは便利ではありません。</u>

➧➧　<u>スマホは便利でかんたんです。</u>

1) 木村さん・元気^{げんき}だ・すてきだ

➧➧

➧➧

➧➧

2) ソウル・静^{しず}かだ・にぎやかだ

➧➧

➧➧

➧➧

3) 彼女<ruby>彼女<rt>かのじょ</rt></ruby> ・ きれいだ ・ 親切<ruby>親切<rt>しんせつ</rt></ruby>だ

➤➤

➤➤

➤➤

いらっしゃいませ

학습목표　　1. 식당 접객 일본어를 익힌다.

학습포인트　　1. 何名様ですか。
　　　　　　　　2. ご注文はお決まりでしょうか。
　　　　　　　　3. 以上で、よろしいでしょうか。

10 いらっしゃいませ

ウェイトレス　いらっしゃいませ。何名様（なんめいさま）ですか。

木村　二人（ふたり）です。

ウェイトレス　二名様（にめいさま）ですね。ご案内（あんない）いたします。

　　　　お客様（きゃくさま）! こちらへ どうぞ。

ウェイトレス　ご注文（ちゅうもん）はお決（き）まりでしょうか。

木村　ええ。ランチセットをください。

金由美　わたしはカツカレーをお願（ねが）いします。

ウェイトレス　はい。ランチセットとカツカレーですね。

　　　　以上（いじょう）で、よろしいでしょうか。

　　　　かしこまりました。

　　　　少少（しょうしょう）お待（ま）ちください。

ウェイトレス　お待たせいたしました。

　　　　　　　ランチセットとカツカレーでございます。

　　　　　　　どうぞ、ごゆっくり。

새 로 나 온 단 어

- いらっしゃいませ　어서오세요
- 二人　두 사람
- **二名様**　두 분
- こちらへ　どうぞ。　이쪽으로 앉으세요
- ランチセット　런치세트
- お願いします　부탁합니다
- よろしいでしょうか　좋습니까?
- **少々お待ちください**　잠시 기다려 주십시오
- ~でございます　~입니다

- **何名様**ですか　몇 분이십니까?
- ご**案内**いたします　안내해 드리겠습니다
- お**客様!**　손님
- ご**注文**はお**決**まりでしょうか　주문하시겠습니까?
- カツカレー　까쓰카레
- **以上で**　이상으로
- かしこまりました　잘 알겠습니다
- お待たせいたしました　오래 기다리셨습니다
- どうぞ、ごゆっくり　좋은 시간되세요

● 핵심 문법과 문형

① 人数 인원수

	~にん　사람/명				~名様　분	
1	一人	ひとり	一名	いちめい	一名様	いちめいさま
2	二人	ふたり	二名	にめい	二名様	にめいさま
3	三人	さんにん	三名	さんめい	三名様	さんめいさま
4	四人	よにん	四名	よんめい	四名様	よんめいさま
5	五人	ごにん	五名	ごめい	五名様	ごめいさま
6	六人	ろくにん	六名	ろくめい	六名様	ろくめいさま
7	七人	しちにん	七名	しちめい	七名様	しちめいさま
8	八人	はちにん	八名	はちめい	八名様	はちめいさま
9	九人	きゅうにん	九名	きゅうめい	九名様	きゅうめいさま
10	十人	じゅうにん	十名	じゅうめい	十名様	じゅうめいさま
몇	何人	なんにん	何名	なんめい	何名様	なんめいさま

• 一名様 ＝ お一人様　　二名様 ＝ お二人様 라고도 함.

② お/ご + 名詞 명사의 경어

- 和語_(わご)(일본 고유어 앞) お部屋_(へや) お食事_(しょくじ) お飲み物_(のみもの) お水_(みず) お名前_(なまえ)

  お酒_(さけ) お席_(せき)

- 漢語_(かんご)(한자어 앞) ご連絡_(れんらく) ご出発_(しゅっぱつ) ご署名_(しょめい) ご注意_(ちゅうい) ご記入_(きにゅう)

  ご案内_(あんない) ご座席_(ざせき)

예외) お料理_(りょうり) お時間_(じかん) お電話_(でんわ) 등

③ お/ご ～いたします。 ～해 드리겠습니다.

- お願いいたします。 부탁드리겠습니다.

- お持_(も)ちいたします。 가져다 드리겠습니다.

- お下_(さ)げいたします。 치워 드리겠습니다.

- お待_(ま)たせいたしました。 기다리게 해 드렸습니다.

④ ～でよろしでしょうか。 ～으로 좋으십니까?

- お飲_(の)み物_(もの)はコーヒーでよろしでしょうか。 음료는 커피로 좋겠습니까?

- 禁煙席_(きんえんせき)でよろしでしょうか。 금연석으로 좋겠습니까?

- こちらでよろしでしょうか。 이쪽으로(이 자리로) 좋겠습니까?

⑤ お/ご ～ください。 ～해 주십시오.

- お呼びください。　불러 주십시오.
- お待ちください。　기다려 주십시오.
- お座りください。　앉아 주십시오.
- ご利用ください。　이용해 주십시오.
- ご確認ください。　확인해 주십시오.

⑥ ～でございます。 ～입니다. (～です의 정중형)

- お食事でございます。　(주문하신) 식사입니다.
- ご注文の生ビールでございます。　주문하신 생맥주입니다.
- こちらは禁煙席でございます。　이쪽은 금연석입니다.
- エレベータはあちらでございます。　엘리베이터는 저쪽입니다.
- オープンは午前10時でございます。　오픈은 오전 10시입니다.
- ランチセットは850円でございます。　런치세트는 850엔입니다.

새 로 나 온 단 어

● お部屋　방	● お食事　식사	● お名前　성함
● お酒　술	● お席　자리	● ご連絡　연락
● ご出発　출발	● ご署名　서명	● ご注意　주의
● ご記入　기입	● ご座席　좌석	● お電話　전화
● 生ビール　생맥주	● 禁煙席　금연석	

 **문장연습**

예문 コーヒー

➤➤ <u>コーヒーでございます。</u>

➤➤ <u>コーヒーでよろしいでしょうか。</u>

1) 瓶^{びん}ビール

➤➤

➤➤

2) レモンティ

➤➤

➤➤

3) 赤^{あか}ワイン

➤➤

➤➤

4) パスタ

➤➤

➤➤

새 로 나 온 단 어

● 瓶ビール　병맥주　　　● レモンティ　레몬차　　　● 赤ワイン　레드와인
● パスタ　파스타

조리·외식 전공에 맞춘

초급 일본어
회화

제**11**과

デザートは
何になさいますか

학습목표 1. 식당 접객 일본어를 익힌다.

학습포인트 1. お下げしてよろしいでしょうか。
2. デザートは 何になさいますか。
3. お会計はご一緒でよろしいでしょうか。

11 デザートは何になさいますか

ウェイトレス　失礼します。

　　　　　　お飲み物のおかわりはいかがですか。

木村　　　　けっこうです。

ウェイトレス　お下げしてよろしいでしょうか。

木村　　　　はい、どうぞ。

ウェイトレス　デザートは何になさいますか。

金由美　　　何がありますか。

ウェイトレス　アイスクリムとコーヒー、

　　　　　　それから果物などがございます。

金由美　　　アイスクリムにします。

ウェイトレス　かしこまりました。

　　　　　　少々お待ちください。

ウェイトレス　お会計はご一緒でよろしいでしょうか。

金由美　　　　いいえ、別々でお願いします。

ウェイトレス　はい、こちら領収証でございます。

　　　　　　　ありがとうございました。

새　로　나　온　단　어

● おかわり　리필 ● けっこうです　괜찮습니다 ● デザート　디저트
● お下げしてよろしいでしょうか　치워드려도 될까요 ● **果物**　과일
● ~になさいますか　~으로 하시겠습니까 ● ~にします　~으로 하겠습니다
● **お会計**　계산 ● **ご一緒**　함께 ● **別々で**　따로따로
● **領収証**　영수증

핵심 문법과 문형

① ~になさいますか。 ~으로 하시겠습니까?

- デザートは何になさいますか。 　디저트는 무엇으로 하시겠습니까?

- お飲み物は何になさいますか。 　음료는 무엇으로 하시겠습니까?

- コーヒーと紅茶どちらになさいますか。 　커피와 홍차 어느 쪽으로 하시겠습니까?

② ~にします。 ~으로 하겠습니다.

- アイスクリムにします。 　아이스크림으로 하겠습니다.

- Aセットにします。 　A세트로 하겠습니다.

- 果物にします。 　과일로 하겠습니다.

③ ~(を)でお願いします。 ~(을)으로 부탁합니다. ~을/를 주세요.

- アイスクリムをお願いします。 　아이스크림 부탁합니다.

- Aセットをお願いします。 　A세트 부탁합니다.

- 果物をお願いします。 　과일로 주세요.

- 別々でお願いします。 　따로따로 (계산)부탁합니다.

- 一緒でお願いします。 　함께 (계산)부탁합니다.

 문장연습

예문 お肉〔にく〕・お魚〔さかな〕

➤➤ ＿＿＿お肉＿＿＿と＿＿＿お魚＿＿＿どちらになさいますか。

➤➤ ＿＿＿肉＿＿＿をお願いします。

➤➤ ＿＿＿魚＿＿＿をください。

➤➤ ＿＿＿魚＿＿＿にします。

1) Aセット・Bセット

➤➤ ＿＿＿＿＿＿＿と＿＿＿＿＿＿＿どちらになさいますか。

➤➤ ＿＿＿＿＿＿＿をお願いします。

➤➤ ＿＿＿＿＿＿＿をください。

➤➤ ＿＿＿＿＿＿＿にします。

2) キリン・朝日〔あさひ〕

➤➤ ＿＿＿＿＿＿＿と＿＿＿＿＿＿＿どちらになさいますか。

➤➤ ＿＿＿＿＿＿＿をお願いします。

➤➤ ＿＿＿＿＿＿＿をください。

➤➤ ＿＿＿＿＿＿＿にします。

3) パン・ケーキ

➤➤ ＿＿＿＿＿＿＿と＿＿＿＿＿＿＿どちらになさいますか。

➤➤ ＿＿＿＿＿＿＿をお願いします。

➤➤ _____ をください。

➤➤ _____ にします。

4) チキン・ステーキ

➤➤ _____ と_____どちらになさいますか。

➤➤ _____ をお願いします。

➤➤ _____ をください。

➤➤ _____ にします。

5) オレンジ・アップル

➤➤ _____ と_____どちらになさいますか。

➤➤ _____ をお願いします。

➤➤ _____ をください。

➤➤ _____ にします。

새 로 나 온 단 어

● お肉　고기	● お魚　생선	● キリン　기린(맥주브랜드)
● 朝日　아사히(맥주브랜드)	● チキン　치킨	● ステーキ　스테이크
● オレンジ　오렌지	● アップル　애플	

一緒に遊びませんか

<ruby>一緒<rt>いっしょ</rt></ruby>に<ruby>遊<rt>あそ</rt></ruby>びませんか

학습목표

1. 동사를 이해하고 활용법을 익힌다.

학습포인트

1. 日曜日はたいてい何をしますか。
2. 本を読んだりします。
3. 音楽を聞きながらおいしいものも作ります。
4. 買い物は終わったので帰りましょう。

12 一緒に遊びませんか

木村　　金さん、日曜日はたいてい何をしますか。

金由美　テレビを見たり本を読んだりします。

　　　　あるいは、音楽を聞きながらおいしいものも

　　　　作ります。

木村　　そうですか。

　　　　今度の日曜日には

　　　　焼きそばでも食べながら一緒に遊びませんか。

金由美　それはいいですね。

木村　　一緒に買い物に行きましょうか。

　　　　ここは野菜やお肉など安い食料品が

　　　　いっぱいありますよ。

金由美　人が多くてにぎやかな街ですね。

木村　　金さん、

　　　　もう買い物は終わったので帰りましょう。

金由美　今日はちょっと疲れましたけどとても楽しい

　　　　一日でした。

- **たいてい**　대개(대체로)
- **見たり**　보기도 하고
- **音楽**　음악
- **今度**　이번
- **買い物**　쇼핑
- **いっぱい**　가득, 많이
- **街**　거리
- **帰りましょう**　돌아갑시다
- **一日**　하루

- **しますか**　합니까?
- **読んだり**　읽기도 하고
- **聞きながら**　들으면서
- **食べながら**　먹으면서
- **~に行きましょうか**　~하러 갈까요?
- **ありますよ**　있어요
- **終わった**　끝났다
- **疲れました**　지쳤습니다

- **テレビ**　텔레비전
- **あるいは**　혹은
- **作ります**　만듭니다
- **遊びませんか**　놀지 않겠습니까?
- **食料品**　식료품
- **にぎやかな**　번화한
- **~ので**　~이기에
- **楽しい**　즐겁다

🇯🇵 핵심 문법과 문형

① 一緒に遊びませんか。　함께 놀지 않겠습니까?

- 一緒に食べませんか。　함께 먹지 않겠습니까?

- 一緒に飲みませんか。　함께 마시지 않겠습니까?

- 一緒に行きませんか。　함께 가지 않겠습니까?

② 買い物に行きましょうか。　쇼핑하러 갈까요?

- ご飯に行きましょうか。　밥 먹으러 갈까요?

- コーヒーでも飲みに行きましょうか。　커피라도 마시러 갈까요?

- 映画を見に行きましょうか。　영화를 보러 갈까요?

③ ～よ。　～이에요(~어요)! (강조, 강요)

- いっぱいありますよ。　많이 있어요!

- 金さんも行きますよ。　김 선생님도 가요!

- とてもおいしいですよ。　무척 맛있어요!

- 小説は面白いですよ。　소설은 재미있어요!

④ **동사유형**

■ 1그룹 동사(5단 동사)

- 동사 기본형 어미가 う단으로 끝나는 동사

- 동사 기본형 어미가 る로 끝나지만, る 앞에 い단이나 え단이 오지 않는다.

- 정중형 ～ます(~입니다)형으로 변형 시, 어미를 い단으로 바꾸고 ます를 붙인다.

- 買う(사다) ⟶ 買います(삽니다)
- 行く(가다) ⟶ 行きます(갑니다)
- 待つ(기다리다) ⟶ 待ちます(기다립니다)
- 呼ぶ(부르다) ⟶ 呼びます(부릅니다)
- 話す(말하다) ⟶ 話します(말합니다)
- 飲む(마시다) ⟶ 飲みます(마십니다)
- 急ぐ(서두르다) ⟶ 急ぎます(서두릅니다)
- 乗る(타다) ⟶ 乗ります(탑니다)

■ 예외 1그룹 동사
- 2그룹 동사에 해당되지만 ます(입니다)형으로 변형 시 1그룹 동사 공식을 따른다.

- 帰る(돌아가다) ⟶ 帰ります(돌아갑니다)
- 切る(자르다) ⟶ 切ります(자릅니다)
- 知る(알다) ⟶ 知ります(압니다)
- 要る(필요하다) ⟶ 要ります(필요합니다)
- 入る(들어가다) ⟶ 入ります(들어갑니다)
- 走る(달리다) ⟶ 走ります(달립니다)

■ 2그룹 동사(상 1단, 하 1단 동사)
- 동사 기본형 어미가 る로 끝나는 동사
- 동사 기본형 어미가 る로 끝나고 る 앞에 い단이나 え단이 온다.
- 정중형 ～ます(～입니다)형으로 변형 시, 기본형 어미 る를 지우고 ます를 붙인다.

- 食^たべる(먹다) ⟶ 食べます(먹습니다)
- 起^おきる(일어나다) ⟶ 起きます(일어납니다)
- 寝^ねる(자다) ⟶ 寝ます(잡니다)
- 見^みる(보다) ⟶ 見ます(봅니다)

■ 3그룹 동사(변격동사)

- 불규칙 동사로, 아래 2가지뿐이다. 정중형 ～ます(～입니다)형으로 변형 시, 모두 변형한다.

- する(하다) ⟶ します(합니다)
- 来^くる(오다) ⟶ 来^きます(옵니다)

 문장연습

★ **ます형의 활용(~に行く, ~하러 가다)**

- 図書館へ勉強をしに行きます。
- 映画館へ映画を見に行きます。
- 居酒屋へお酒をのみに行きます。
- 大阪へ彼女を会いに行きます。
- 喫茶店へ休みに行きます。
- 本屋へ本を買いに行きます。
- 野球場へホームランを打ちに行きます。
- パチンコ屋へ遊びに行きます。

★ **~ながら, ~하면서**

- コーヒーを飲みながら新聞を読みます。
- テレビを見ながららくだものをたべます。
- 音楽を聞きながら歩きます。
- 電話をしながら運転します。
- ご飯を食べながら本を読みます。
- 書きながら覚えます。
- 教えながら習います。

★ ～方, ～하는 법

- この漢字読み方を教えてください。
- このゲームの始め方がわかふいません。
- 電話のかけ方を教えてください。
- あの人の歩き方はおかしい。
- その料理の食べ方はいろいろです。
- お酒飲み方は国によって違う。
- 国によって人の考え方も違う。

★ ～なさい, ～하세요

- 朝早く起きなさい。
- 話を良く聞きなさい。
- 一生懸命勉強しなさい。
- 野菜も食べなさい。
- 学校が終わったら早く帰りなさい。
- 危ないから気をつけなさい。
- 手足をよく洗いなさい。

★ ～すぎる, 너무 ～하다

- 昨日はお酒を飲みすぎました。
- 運動をしすぎるのは反って体に悪いです。
- 食べすぎるのも反って体に悪いです。

- テレビを見すぎますと頭がおかしくなります。
- インターネットゲームをしすぎても頭がおかしくなります。
- そこまでするんですか。 それはやりすぎですよ。

★ ~たい, ~하고 싶다

- お酒をのみの行きたいですね。
- 誰も母に会いたくなるのは自然です。
- 食べたいものは何でも食べていいです。
- あの映画は前から見たかった映画です。
- 読みたい本をみつけました。
- 運動がしたいなら広いところへいきなさい。
- 休みたいときは前もって言ってください。

★ ~やすい, ~하기 쉽다 / ~にくい, ~하기 어렵다

- ピンポンは習いやすいですが、テニスは習いにくいです。
- ひらがなほ覚えやすいですが、カタカナは覚えにくいです。
- 人の名前は呼びやすい名前も呼びにくい名前もあります。
- 故障しやすい車があれば、故障しにくい車もある。
- 書きやすい漢字があれば、書きにくい漢字もある。

· 연습문제 ·

● 휴게실에 음악을 들으러 갑니다.

● 사무실에 가방을 가지러 갑니다.

● 사고 싶은 물건이 있으면 사도 좋습니다.

● 가고 싶은 사람은 가도 좋습니다.

● 그렇게 하고 싶으면 해보면 어떻겠어요!

● 전화하면서 운전하는 것은 그만둡시다.

● 노래하면서 요리를 합니다.

● 공원을 걸으면서 이야기하고 있습니다.

● 과식이랑 과음에 주의해 주십시오.

● 너무 많이 자거나 많이 놀지 않게 해주세요.

● 익숙해지기 쉬운 일이 있으면, 익숙해지기 어려운 일도 있습니다.

★동사의 た형(과거, 완료) (~었다, ~한)

1그룹동사	う, つ, る → った む, ぶ, ぬ → んだ く → いた ぐ → いだ す → した	会う → あった 飲む → のんだ 書く → かいた (예외:行く → 行った) 急ぐ → いそいだ 話す → はなした
2그룹동사	る(×) + た	見る → 見た 食べる → 食べた
3그룹동사	来る → きた する → した	今日彼は朝早く来た。 私は一生懸命勉強した。

★활용예문(~たことがある, ~한적이 있다)

- ハワイへ行ったことがあります。

- カラオケで歌を歌ってことがあります。

- まだ一度も納豆を食べたことがありません。

- 富士山に登ったことがありますか。

- 飛行機に乗ったことがありますか。

- 日本の温泉に入ったことがあふいます。

- しゃぶしゃぶはまだ食べたことがありません。

- 学校まで近いのでたまに自転車で行くことがあります。

  (~하는 경우가 있다.)

- 忙しくて、 朝ご飯を食べないことがあります。

  (~하지 않는 경우가 있다.)

★ ～たほうがいいです, ～하는 편이 좋습니다

- 宿題は早めのしておいた方がいいです。
- 目覚まし時計をかけたほうがいいですよ。
- 日本語がうまくなるためには単語をたくさん
  覚えたほうがいいです。
- 夜遅い時間にはなるべく食べないほうがいいです。
- 手はしばしばに洗ったほうがいいです。
- 手は清潔に維持したほうがいいです。
- 外出時、いつも服を暖かく着たほうがいいです。

- 睡眠は十分にとったほうがいいです。
- 食事はいつもとったほうがいいです。

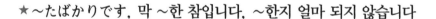

★ ～たばかりです, 막 ～한 참입니다, ～한지 얼마 되지 않습니다

- 日本に来たばかりのことです。
- 洋服は先月買ったばかりです。
- コーヒーはさっき飲んだばかりです。
- その本なら先週読んだばかりです。
- 木村さんとは合ったばかりです。
- その問題については今先生と相談したばかりです。
- その話は聞いたばかりです。

• 연습문제 •

● 나는 아직 배를 탄 적이 없습니다.

● 애완동물(ペット)에게는 귀여운 이름을 붙이는 편이 좋습니다.(名前をつける 이름을 붙이다.)

● 그는 미국에 도착한지 얼마 되지 않습니다.

● 그녀는 입사한지 얼마 되지 않습니다.

● 토요일에는 만나거나 합니다.

● 점심밥은 먹거나 안 먹거나 합니다.

● 게임에는 지거나 이기거나 합니다.

★ 동사의 て형

1그룹동사	う, つ, る → って む, ぶ, ぬ → んで く → いて ぐ → いで す → して	会う → あって 飲む → のんで 書く → かいて (예외 : 行く → 行って) 急ぐ → いそいで 話す → はなして
2그룹동사	る(×) + て	見る → 見て 食べる → 食べて
3그룹동사	来る → きて する → して	明日は朝早く来てください。 一生懸命勉強してください。

★ 활용예문(～て, ～아, 어, 고, 서, 서도)

• 図書館へ行って勉強をします。(동작의 이행)

• 妹は色をかえて絵を書く。

• 居酒屋でお酒も飲んでたばこも吸いました。(병렬)

• あそこに一人は立って一人は座っている。

• 野球は雨が降ってやめました。(이유, 원인)

• 飲み会が早く終わって残念です。

• バスに乗ってうちへ帰ります。(수단, 방법)

• 魚を焼いて食べる。

• 声を上げて助けを求める。

• 自分の名前を聞いて聞かぬぶりをする。(역접)

• いい年をして派手な服を着たがる。

★〜てください，〜해 주십시오

- 人の話をよく聞いてください。
- 教室では静かにしてください。
- 時間に会わせて戻ってください。
- 決まった時間よりちょっと早めに来てください。
- そこの椅子に座ってください。
- 危ないから離れてください。
- 一列に並んでください。
- まっすぐ行ってから右へ曲がってください。

★〜てから，〜한 후에

- 部屋の掃除をしてから買い物に行きます。
- まっすぐ行ってから右へ曲がってください。
- 朝起きて顔を洗ってから新聞を読みます。

- 結婚してから引っ越しをしました。
- 大人になってからたばこを始めました。
- みんな帰ってから一人で掃除しました。
- テレビはご飯を食べてからにしましょう。
- シートベルトをつけてたら出発しましょう。

★〜てみる，〜해 보다

- 一応会ってみたらどうでしょう。

- 社長に話してみた方がいいですよ。
- 彼女が作った料理を食べたみました。
- 新しく買った靴をはいてみたらちょっと不便です。
- 新しく買った機械を使ってみる。
- 穴の中を覗いてみます。
- 人の話はよく聞いてめることです。
- よく分からないことがあったら先生に聞いてめてください。

★～ておく, ～해 두다

- これはありがたくもらっておきます。
- 重要表現を勉強しておいてください。
- 机の上の本はそのままにしておいてください。
- おいしい料理の店を探しておきます。
- 私はメンバーに連絡しておきます。
- もうすぐ食事でしょう。 お皿を並べておきます。
- 宿題は早めにやっておかないと母に叱られるよ。

★～てしまう, ～해 버리다

- 弟が私のパンを食べてしまいました。
- 忙しいから早くやってしまいましょう。
- 田中さんは先に行ってしまいました。
- この本を一晩で全部読んでしまいました。

- ようべお酒をたくさん飲んでしまいました。
- 階段で転んで怪我をしてしまいました。
- 彼女に言ってはいけないことを言ってしまいました。
- 電車の中に傘を忘れてしまいました。

★ ～てもいいです, ～해도 좋습니다

- ここでたばこを吸ってもいいですか。
- インターネットで申し込んでもいいです。
- 予約をキャンセルしてもいいです。
- ちょっとケイタイを借りてもいいですか。
- 勉強が終わった遊んでもいいです。
- となりに座ってもいいです。
- 部屋は挟くてもいいです。(い형용사)
- 交通は不便でもいいです。(な형용사)
- 中古車でもいいです。(명사)

★ ～てはいけません, ～해서는 안됩니다

- ここでたたばこを吸ってはいけません。
- 道路で遊んではいけません。
- ここに車を止めてはいけません。
- 嘘をついてはいけません。
- 遠くまで行ってはいけません。

- 夜遅くまでテレビを見てはいけません。
- お酒を飲みすぎてはいけません。
- 危ないものに近づいてはいけません。

- **연습문제** ·

- 밥을 먹고 나서 목욕을 합니다.

- 저 사람과 이야기 해보았습니다만, 좀 이상했어요.

- 쇼핑(買い物)을 하고 나서는 영수증을 잘 보관해 둡시다.

- 비누를 전부 써버리고 말았습니다.

- 다섯 시가 되면 돌아가도 좋습니다.

- 이제 두 번 다시(もう二度と) 그 사람을 만나서는 안됩니다.

- 어떤 일이 있어도 뒤를 돌아보아서는 안됩니다.(後を振り向く 뒤를 돌아보다.)

부 록

① 日本語 글씨 쓰기
② 동사·형용사·조동사·대명사

1. 日本語 글씨 쓰기

| 1 | あ行 |

あ	い	う	え	お
a	i	u	e	o
ア	イ	ウ	エ	オ

설명 「あ・い・う・え・お」는 일본어의 모음이다.

あ행의 발음은 한글 「아이우에오」와 거의 같지만, 주의해야 할 점은 입을 많이 벌리지 않고 발음하는 것이다. 발음은 영어 발음기호의 모음, 특히 「う」는 한글 「으」와 「우」의 중간 음이므로 입술이 튀어나오지 않게 발음해야 한다.

예)

① あい　‥‥ 사랑 ② いい　‥‥ 좋다
③ うえ　‥‥ 위 ④ いえ　‥‥ 집
⑤ おい　‥‥ 조카 ⑥ あおい ‥‥ 파랗다
⑦ あう　‥‥ 만나다 ⑧ えい　‥‥ 가오리

예)

① アメリカ ‥‥ 미국 ② ウイスキー‥‥ 위스키
③ オリンピック ‥‥ 올림픽 ④ エレベーター‥‥ 엘리베이터

● あ行 쓰기 연습

あ									
い									
う									
え									
お									
ア									
イ									
ウ									
エ									
オ									

2 か行

か	き	く	け	こ
ka	ki	ku	ke	ko
カ	キ	ク	ケ	コ

설명 か행의 발음은 한글 「ㄱ」과 영어 「k」의 중간 음에 해당하나, 단어의 <u>첫 음절에서</u> <u>는</u> 「ㄱ」과 영어 「k」의 중간 음이고, 가운데 음이나 마지막 음에 올 경우에는 「k」와 「ㄲ」 <u>의 중간 음</u>이 된다.

「く」는 모음이 「우」와 「으」의 중간 음이므로 입술이 튀어나오지 않게 발음해야 한다.

예)

① あかい ···· 빨갛다　　② あき ···· 가을

③ えき ···· 역　　　　　④ かい ···· 조개

⑤ いく ···· 가다　　　　⑥ かく ···· 쓰다

⑦ いけ ···· 연못　　　　⑧ ここ ···· 여기

예)

① カレンダー ···· 미국　② キー ···· 열쇠

③ インク ···· 잉크　　　④ ココア ···· 코코아

● か行 쓰기 연습

か								
き								
く								
け								
こ								
カ								
キ								
ク								
ケ								
コ								

3	さ行			
さ	し	す	せ	そ
sa	si	su	se	so
サ	シ	ス	セ	ソ

설명 さ행의 발음은 한글 「사시스세소」와 같으나, 혀끝을 아랫니의 뒤쪽에 대고, 혀끝과 윗니 뒷면 사이에 생기는 틈 사이로 숨을 내밀어 발음한다. 「す」는 한글의 「스」와 「수」의 중간 음이므로 입술이 튀어나오지 않게 발음해야 한다.

예

① あさ ···· 아침
② かさ ···· 우산
③ あし ···· 다리
④ いし ···· 돌
⑤ うし ···· 소
⑥ いす ···· 의자
⑦ せき ···· 자리
⑧ うそ ···· 거짓말

예

① システム ···· 시스템
② スイス ···· 스위스
③ ソウル ···· 서울
④ サイクル ···· 사이클

● さ行 쓰기 연습

さ								
し								
す								
せ								
そ								
サ								
シ								
ス								
セ								
ソ								

4 た行

た	ち	つ	て	と
ta	ti[chi]	tu[tsu]	te	to
タ	チ	ツ	テ	ト

설명 た행 중에서 「た・て・と」 세 음은 혀끝을 윗니와 잇몸의 경계 부근에 댔다가 떼는 동시에 발음한다. 그러나 단어의 첫음절에는 「ㄷ」과 「ㅌ」의 중간 음이나, 2음절부터는 「ㅌ」와 「ㄸ」의 중간 음이 된다.

특히 「ち」와 「つ」는 혀를 잇몸에 붙였다가 떼면서 발음하면 되지만, 한국인에게는 쉬운 발음이 아니기 때문에 반복 연습하여야 한다.

예

① うた ···· 노래
② かた ···· 어깨
③ ちち ···· 아버지
④ いち ···· 일, 1
⑤ くつ ···· 신발
⑥ て ···· 손
⑦ そと ···· 밖
⑧ とり ···· 닭
⑨ おてら ···· 절
⑩ たかい ···· 높다, 비싸다

예

① タイ ···· 태국
② スポーツ ···· 스포츠
③ トイレ ···· 화장실
④ タクシー ···· 택시

● た行 쓰기 연습

た								
ち								
つ								
て								
と								
タ								
チ								
ツ								
テ								
ト								

| 5 | な行 |

な	に	ぬ	ね	の
na	ni	nu	ne	no
ナ	ニ	ヌ	ネ	ノ

설명 な행의 발음은 한국의「나·니·누·네·노」와 같고, 혀끝을 잇몸에 밀착시킨 다음 떼면서 코로 숨을 내보내며 발음한다.「ぬ」는「누」와「느」의 중간 음이므로 입술이 튀어나오지 않게 발음한다.

예

① あなた ···· 당신
② おんな ···· 여자
③ せなか ···· 등
④ あに ···· 형, 오빠
⑤ くに ···· 나라
⑥ いぬ ···· 개
⑦ あね ···· 언니, 누나
⑧ ねこ ···· 고양이
⑨ この ···· 이－
⑩ その ···· 그－
⑪ あの ···· 저－
⑫ どの ···· 어느－

예

① テニス ···· 테니스
② ノート ···· 노트
③ ネクタイ ···· 넥타이
④ ニコチン ···· 니코틴

● な行 쓰기 연습

な									
に									
ぬ									
ね									
の									
ナ									
ニ									
ヌ									
ネ									
ノ									

6 は行

は	ひ	ふ	へ	ほ
ha	hi	hu	he	ho
ハ	ヒ	フ	ヘ	ホ

설명 は행의 발음은 한국의 「하·히·후·헤·호」와 비슷하지만, 「ひ」와 「ふ」는 한글 「히」와 「후」보다 힘주어 발음하면 유사한 소리가 나온다. 특히 「ふ」는 양 입술을 주로 사용하여 윗니와 아랫니가 닿지 않도록 한다.

예)

① はい ···· 네
② ばか ···· 바보
③ ひみつ ···· 비밀
④ くび ···· 목
⑤ ひと ···· 사람
⑥ ひく ···· 끌다, 당기다
⑦ ふかい ···· 깊다
⑧ ふね ···· 배(탈것)
⑨ へそ ···· 배꼽
⑩ へた ···· 서투름
⑪ ほし ···· 별
⑫ ほしい ···· 원하다

예)

① ハム ···· 햄
② ヒステリー ···· 히스테리
③ ホテル ···· 호텔
④ フランス ···· 프랑스

● は行 쓰기 연습

は									
ひ									
ふ									
へ									
ほ									
ハ									
ヒ									
フ									
ヘ									
ホ									

7 ま行

ま	み	む	め	も
ma	mi	mu	me	mo
マ	ミ	ム	メ	モ

설명 ま행의 발음은 한국의 「마·미·무·메·모」와 비슷하지만, 「む」는 성대를 울려서 발음한다. 「む」는 한글 「무」와 「므」의 중간 음에 가깝게 발음해야 하므로, 입술이 튀어나오지 않게 발음하여야 한다.

예

① いま ···· 지금
② うま ···· 말
③ みみ ···· 귀
④ みなみ ···· 남쪽
⑤ むかし ···· 옛날
⑥ むし ···· 벌레
⑦ あめ ···· 비
⑧ めがね ···· 안경
⑨ もも ···· 복숭아
⑩ もち ···· 떡
⑪ くも ···· 구름
⑫ すもう ···· 스모

예

① マイアミ ···· 마이애미
② ホームラン ···· 홈런
③ ミルク ···· 우유
④ カメラ ···· 카메라

● ま行 쓰기 연습

ま									
み									
む									
め									
も									
マ									
ミ									
ム									
メ									
モ									

8	や行				
や		ゆ		よ	
ya		yu		yo	
ヤ		ユ		ヨ	

설명 や 행의 발음은 한글 「야・유・요」와 같으며, 「い」와 「え」는 あ 행의 「い」
와 「え」가 중복된 것이다.

독자적으로 음절을 이루지 못하기 때문에 반모음이라고 한다.

일본어의 반모음에는 「や」, 「ゆ」, 「よ」, 「わ」가 있다.

예

① いや ‥‥ 싫어

② おや ‥‥ 부모

③ はやい ‥‥ 빠르다

④ やさい ‥‥ 야채

⑤ やま ‥‥ 산

⑥ やくそく ‥‥ 약속

⑦ ゆび ‥‥ 손가락

⑧ ゆき ‥‥ 눈

⑨ ゆめ ‥‥ 꿈

⑩ よる ‥‥ 밤

⑪ よく ‥‥ 자주, 잘

⑫ よめ ‥‥ 며느리

예

① ヤクルト ‥‥ 요구르트

② ユニホーム ‥‥ 유니폼

③ エスキモ ‥‥ 에스키모

④ インスタント ‥‥ 인스턴트

● や行 쓰기 연습

や									
ゆ									
よ									
ヤ									
ユ									
ヨ									

9	ら行

ら	り	る	れ	ろ
ra	ri	ru	re	ro
ラ	リ	ル	レ	ロ

설명 ら행의 발음은 한글의 「라·리·루·레·로」와 같고, 혀끝이 잇몸에 가볍게 닿았다가 갑자기 떨어지면서 튕기는 발음이다.

「る」는 한글 「루」와 「르」의 중간 음이므로 입술이 튀어 나오지 않게 발음해야 한다.

예

① あらい ···· 거칠다 　　② さら ···· 접시
③ そら ···· 하늘 　　④ とら ···· 호랑이
⑤ あり ···· 개미 　　⑥ くり ···· 밤(열매)
⑦ つり ···· 낚시 　　⑧ とり ···· 새
⑨ ある ···· 있다 　　⑩ ねる ···· 자다
⑪ これ ···· 이것 　　⑫ それ ···· 그것
⑬ くろい ···· 검다 　　⑭ しろい ···· 하얗다

예

① ライオン ···· 사자 　　② エスカレータ ···· 에스컬레이터
③ レーンコート ···· 레인코트 　　④ ロシア ···· 러시아

● ら行 쓰기 연습

ら								
り								
る								
れ								
ろ								
ラ								
リ								
ル								
レ								
ロ								

10 | わ行

わ wa				を o
ワ				ヲ

설명 わ행의 발음은 한글 「와・오」와 같고, 반모음이다. 특히, 「を」는 「お」와 발음이 같고, 한글의 「~을, ~를」에 해당하는 조사로만 사용한다.

예

① いわ ···· 바위

② かわ ···· 강/가죽

③ わたし ···· 나, 저

④ わかい ···· 젊다

⑤ わらう ···· 웃다

⑥ にわ ···· 정원

⑦ パンをたべる ···· 빵을 먹다

⑧ ほんをよむ ···· 책을 읽다

⑨ おさけをのむ ···· 술을 마시다

⑩ テレビをみる ···· 티비를 보다

⑪ ほんや ···· 서점

⑫ しんぶん ···· 신문

예

① ワイヤレス ···· 와이어리스

② ワーク ···· 워크

③ ワイパー ···· 와이퍼

④ ワン ···· 원

• わ行 쓰기 연습

わ									
を									
ん									
ワ									
ヲ									
ン									

• 탁음(濁音) •

흐린 음을 말하며 보통 콧소리로 발음한다.

탁음은 かさ(우산) たば(다발)행에만 온다.

1 が行

が	ぎ	ぐ	げ	ご
ga	gi	gu	ge	go
ガ	ギ	グ	ゲ	ゴ

설명 が행의 발음은 혀 뒤를 융기시켜 연구개에 접촉시키고, 혀를 대는 동시에 성대를 울려 발음한다. 쉽게 말하면, 한글 단어의 2음절 이하에 나오는 발음, 즉「누가」의 「가」와 거의 같은 발음으로서 목의 성대를 울려 내는 유성음이다.

예

① かぎ ···· 열쇠　　② かぐ ···· 가구

③ がいこく ···· 외국　　④ あご ···· 턱

⑤ かいぎ ···· 회의　　⑥ こうぎ ···· 강의

⑦ がくせい ···· 학생　　⑧ ごご ···· 오후

⑨ げた ···· 일본 나막신　　⑩ ごかい ···· 오해

예

① ガイド ···· 가이드　　② ギター ···· 기타

③ ゲーム ···· 게임　　④ ゴム ···· 고무

●が行 쓰기 연습

が								
ぎ								
ぐ								
げ								
ご								
ガ								
ギ								
グ								
ゲ								
ゴ								

2 ざ行

ざ	じ	ず	ぜ	ぞ
za	ji	zu	ze	zo
ザ	ジ	ズ	ゼ	ゾ

설명 ざ행의 발음은 혀끝을 잇몸에 접촉시켜 막은 기도를, 내쉬는 숨으로 터뜨리면서 내는 발음이다. 다시 말하면, 한글 단어의 2음절째 이하에서 나는 발음, 즉 「가자」의 「자」와 거의 같은 발음으로서 목의 성대를 울려 내는 파찰음이다.

예)

① ざっし ···· 잡지   ② あじ ···· 맛

③ かじ ···· 화재   ④ すずめ ···· 참새

⑤ ちず ···· 지도   ⑥ みず ···· 물

⑦ かぜ ···· 감기, 바람   ⑧ ぜいたく ···· 사치

⑨ ぞう ···· 코끼리   ⑩ なぞ ···· 수수께끼

예)

① ズボン ···· 바지   ② モザイク ···· 모자이크

③ ゼロ ···· 제로   ④ ローズ ···· 장미

● ざ行 쓰기 연습

ざ								
じ								
ず								
ぜ								
ぞ								
ザ								
ジ								
ズ								
ゼ								
ゾ								

| 3 | だ行 | | | |

だ	ぢ	づ	で	ど
da	ji	zu	de	do
ダ	ヂ	ヅ	デ	ド

설명 だ행의 발음은 혀끝을 이의 뿌리 및 잇몸 부근에 접촉시켜 혀를 떼는 동시에 내는 유성 파열음이다. 한글 단어의 2음절 이하에 나는 발음, 즉 「가다」의 「다」와 거의 같은 발음으로서 목의 성대를 울려 내는 발음이다.

예

① だれ ···· 누구
② だいこん ···· 무
③ はなぢ ···· 코피
④ くちづけ ···· 입맞춤
⑤ そで ···· 소매
⑥ でんわ ···· 전화
⑦ でんき ···· 전기
⑧ まど ···· 창문
⑨ どこ ···· 어디
⑩ どちら ···· 어느 쪽
⑩ どれ ···· 어느 것
⑪ どのほん ···· 어느 책

예

① ダークホース ···· 다크호스
② ドライブ ···· 드라이브
③ デート ···· 데이트
④ デザイナー ···· 디자이너

● だ行 쓰기 연습

だ									
ぢ									
づ									
で									
ど									
ダ									
ヂ									
ヅ									
デ									
ド									

| 4 | ば行 |

ば	び	ぶ	べ	ぼ
ba	bi	bu	be	bo
バ	ビ	ブ	ベ	ボ

설명 ば행의 발음은 양 입술을 일단 다물었다가 여는 것과 동시에 내는 발음이다. 한글 단어의 2음절째 이하에 나는 발음, 즉 「시바」의 「바」와 거의 같은 발음으로서 목의 성대를 울려 내는 유성 파열음이다.

예

① はば ···· 넓이
② ばか ···· 바보
③ かばん ···· 가방
④ へび ···· 뱀
⑤ くび ···· 목
⑥ ぶき ···· 무기
⑦ ぶか ···· 부하
⑧ かべ ···· 벽
⑨ べんとう ···· 도시락
⑩ ぼうし ···· 모자

예

① ビール ···· 맥주
② ボート ···· 보트
③ ボーナス ···· 보너스
④ ブーケ ···· 부케

● ば行 쓰기 연습

ば									
び									
ぶ									
べ									
ぼ									
バ									
ビ									
ブ									
ベ									
ボ									

5 ぱ行

ぱ	ぴ	ぷ	ぺ	ぽ
pa	pi	pu	pe	po
パ	ピ	プ	ペ	ポ

설명 ぱ행의 발음은 양 입술을 일단 다물었다가 여는 것과 동시에 내는 파열음이다. 첫 음절에 오면「ㅍ」발음에 가깝고, 2음절째 이하에 오면「ㅃ」발음에 가깝게 발음한다.

예

① いっぱい ···· 가득
② はっぱ ···· 나뭇잎
③ えんぴつ ···· 연필
④ ぴかぴか ···· 반짝반짝
⑤ ぷかぷか ···· 뻑뻑
⑥ ほっぺた ···· 뺨
⑦ たんぽぽ ···· 민들레
⑧ むてっぽう ···· 무모함

예

① パイプ ···· 파이프
② パン ···· 빵
③ ピアノ ···· 피아노
④ プール ···· 풀장

● ぱ行 쓰기 연습

ぱ									
ぴ									
ぷ									
ぺ									
ぽ									
パ									
ピ									
プ									
ペ									
ポ									

• 발음과 글자 •

요음(拗音)

모음(い)을 제외한 い단(き/ぎ/し/じ/ち/に/ひ/び/ぴ/み/り)에 반모음(や, ゆ, よ)을 절반 크기로 붙여 <u>1음절</u>로 발음한다.

1	きゃ　　 きゅ　　 きょ					
きゃ kya						
きゅ kyu						
きょ kyo						

예

① おきゃく ···· 손님 　　　　② きゅうり ···· 오이

③ きゅうりょう ···· 급료 　　　④ きょう ···· 오늘

ぎゃ　ぎゅ　ぎょ

ぎゃ gya						
ぎゅ gyu						
ぎょ gyo						

예

① ぎゃくに ···· 반대로　　② ぎゅうにゅう ···· 우유

③ ぎょうじ ···· 행사　　④ ぎょうせい ···· 행정

2　しゃ　しゅ　しょ

しゃ sha						
しゅ shu						
しょ sho						

예

① しゃかい ‥‥ 사회 　　② かいしゃ ‥‥ 회사

③ しゃちょう‥‥ 사장 　　④ しゅうしょく ‥‥ 취직

じゃ　　じゅ　　じょ					
じゃ ja					
じゅ ju					
じょ jo					

예

① じゃがいも ‥‥ 감자 　　② じゅうしょ ‥‥ 주소

③ じゅうみん ‥‥ 주민 　　④ じょせい ‥‥ 여성

3	ちゃ　　ちゅ　　ちょ				
ちゃ cha					
ちゅ chu					

ちょ cho						

예

① おちゃ ···· 차　　② ちゅうしゃ ···· 주차

③ ちょきん···· 저금　　④ ちゃわん ···· 밥공기

4　にゃ　にゅ　にょ

にゃ nya						
にゅ nyu						
にょ nyo						

예

① こんにゃく ···· 곤약　　② にゅういん ···· 입원

③ にょうぼう ···· 여보　　④ にゅうがく ···· 입학

| 5 | ひゃ | ひゅ | ひょ |

ひゃ hya						
ひゅ hyu						
ひょ hyo						

びゃ bya						
びゅ byu						
びょ byo						

ぴゃ pya						
ぴゅ pyu						

ぴょ pyo						

예

① ひゃく ···· 백

② びょうき ···· 병

③ ぴょんぴょん ···· 깡충깡충

④ ぴゅうぴゅう ···· 휭휭

6	みゃ　　みゅ　　みょ

みゃ mya						
みゅ myu						
みょ myo						

예

① みゃくどう ···· 맥동

② みょうぎ ···· 묘기

③ みょうあん ···· 묘안

④ みょうじ ···· 성씨

7	りゃ　　りゅ　　りょ

りゃ rya						
りゅ ryu						
りょ ryo						

예

① しょうりゃく ···· 생략　　　② りゅうがく ···· 유학

2. 동사·형용사·조동사·대명사 활용편

• 동사 활용표 •

종류	원형	미연형	연용형	종지형	연체형	가정형	명령형
五단	あう	わ お	い っ	う	う	え	え
〃	あそぶ	ば ぼ	び ん	ぶ	ぶ	べ	べ
〃	ある	ら ろ	り っ	る	る	れ	れ
〃	あるく	か こ	き い	く	く	け	け
〃	あらう	わ お	い っ	う	う	え	え
〃	いう	わ お	い っ	う	う	え	え
〃	いく	か こ	き い	く	く	け	け
〃	うる	ら ろ	り っ	る	る	れ	れ
〃	おく	か こ	き い	く	く	け	け
〃	おとす	さ そ	し し	す	す	せ	せ
〃	おもう	わ お	い っ	う	う	え	え
〃	おわる	ら ろ	り っ	る	る	れ	れ
〃	かう	わ お	い っ	う	う	え	え

종류	원형	미연형	연용형	종지형	연체형	가정형	명령형
五단	かえる	ら ろ	り っ	る	る	れ	れ
〃	かく	か こ	き い	く	く	け	け
〃	かかる	ら ろ	り っ	る	る	れ	れ
〃	かぶる	ら ろ	り っ	る	る	れ	れ
〃	かる	ら ろ	り っ	る	る	れ	れ
〃	きく	か こ	き い	く	く	け	け
〃	きる	ら ろ	り っ	る	る	れ	れ
〃	さく	か こ	き い	く	く	け	け
〃	さす	さ そ	し し	す	す	せ	せ
〃	そる	ら ろ	り っ	る	る	れ	れ
〃	しる	ら ろ	り っ	る	る	れ	れ
〃	たす	さ そ	し し	す	す	せ	せ
〃	たつ	た と	ち っ	つ	つ	て	て
〃	つかう	わ お	い っ	う	う	え	え

종류	원형	미연형	연용형	종지형	연체형	가정형	명령형
五단	つく	か こ	き い	く	く	け	け
〃	とおる	ら ろ	り っ	る	る	れ	れ
〃	とぶ	ば ぼ	び ん	ぶ	ぶ	べ	べ
〃	とる	ら ろ	り っ	る	る	れ	れ
〃	なおす	ら ろ	し し	す	す	せ	せ
〃	なる	ら ろ	り っ	る	る	れ	れ
〃	ならう	わ お	い っ	う	う	え	え
〃	のこる	ら ろ	り っ	る	る	れ	れ
〃	のむ	ま も	み ん	む	む	め	め
〃	のる	ら ろ	り っ	る	る	れ	れ
〃	はいる	ら ろ	り っ	る	る	れ	れ
〃	はしる	ら ろ	り っ	る	る	れ	れ
〃	はたらく	か こ	き い	く	く	け	け
〃	はなす	さ そ	し し	す	す	せ	せ

종류	원형	미연형	연용형	종지형	연체형	가정형	명령형
五단	はる	ら ろ	り っ	る	る	れ	れ
〃	ふる	ら ろ	り っ	る	る	れ	れ
〃	ひろう	わ お	い っ	う	う	え	え
〃	まちがう	わ お	い っ	う	う	え	え
〃	まつ	た と	ち っ	つ	つ	て	て
〃	みがく	か こ	き い	く	く	け	け
〃	もつ	た と	ち っ	つ	つ	て	て
〃	もらう	わ お	い っ	う	う	え	え
〃	やすむ	ま も	み ん	む	む	め	め
〃	やる	ら ろ	り っ	る	る	れ	れ
〃	よぶ	ば ぼ	び ん	ぶ	ぶ	べ	べ
〃	よむ	ま も	み ん	む	む	め	め
〃	かわる	ら ろ	り っ	る	る	れ	れ
上一	いる	い	い	いる	いる	いれ	いろ (よ)

종류	원형	미연형	연용형	종지형	연체형	가정형	명령형
上一	おきる	き	き	きる	きる	きれ	きろ (よ)
〃	おりる	り	り	りる	りる	りれ	りろ (よ)
〃	できる	き	き	きる	きる	きれ	きろ (よ)
〃	とじる	じ	じ	じる	じる	じれ	じろ (よ)
〃	みる	み	み	みる	みる	みれ	みろ (よ)
下一	あける	け	け	ける	ける	けれ	けろ (よ)
〃	いれる	れ	れ	れる	れる	れれ	れろ (よ)
〃	おしえる	え	え	える	える	えれ	えろ (よ)
〃	おぼえる	え	え	える	える	えれ	えろ (よ)
〃	かぞえる	え	え	える	える	えれ	えろ (よ)
〃	くらべる	べ	べ	べる	べる	べれ	べろ (よ)
〃	こしらえる	え	え	える	える	えれ	えろ (よ)
〃	しめる	め	め	める	める	めれ	めろ (よ)
〃	たずねる	ね	ね	ねる	ねる	ねれ	ねろ (よ)

종류	원형	미연형	연용형	종지형	연체형	가정형	명령형
下一	たべる	べ	べ	べる	べる	べれ	べろ (よ)
〃	つかれる	れ	れ	れる	れる	れれ	れろ (よ)
〃	つづける	け	け	ける	ける	けれ	けろ (よ)
〃	つとめる	め	め	める	める	めれ	めろ (よ)
〃	ねる	ね	ね	ねる	ねる	ねれ	ねろ (よ)
カ변	くる	こ	き	くる	くる	くれ	こい
サ변	する	しせさ	し	する	する	すれ	しろ せよ
중요한 용법		ない・う・ ように 연결	ます・たに 연결	끝맺음	체언에 연결	ばに 연결	끝맺음

● 형용사 활용표 ●

원형	미연형	연용형	종지형	연체형	가정형
ほしい	かろ	く かっ	い	い	けれ
うすい	かろ	く かっ	い	い	けれ
중요한 용법	うに 연결	なる・たに 연결	끝맺음	체언에 연결	ばに 연결

[형용사의 종류]

おおきい、ちいさい、ながい、みじかい、たかい、

ひくい、ふとい、ほそい、あさい、ふかい、

はやい、おそい、くらい、あかるい、とおい、

ちかい、ひろい、せまい、あたたかい、すずしい、

あつい、さむい、むずかしい、いそがしい、

やさしい、きれい、うすい、ほしい 등.

• 형용동사 활용표 •

원형	미연형	연용형	종지형	연체형	가정형
きれいだ	だろ	だっ・で・に	だ	な	なら
중요한 용법	う에 연결	た・ある・なる에 연결	끝맺음	체언에 연결	ば에 연결

• 주요 조동사 활용표 •

형	미연형	연용형	종지형	연체형	가정형	명령형	활용형	연결
せる	せ	せ	せる	せる	せれ	せろ (よ)	하 1단	「5단」・「サ변」의 미연형에
させる	させ	させ	させる	させる	させれ	させろ (よ)	〃	「5단」・「サ변」 외의 미연형에
そうだ	そうだろ	そうだっ そうで そうに	そうだ	そうな			형용동사형	연용형에

형	미연형	연용형	종지형	연체형	가정형	명령형	활용형	연결
	そうだろ	そうだっ そうで そうに	そうだ	そうな			〃	종지형에
たい	たかろ	たかっ たく (とう)	たい	たい	たけれ		형용사형	연용형에
だ	だろ	だっ で	だ	な	なら		형용동사형	체언·조사「の」에
ない	なかろ	なかっ なく	ない	ない	なけれ		형용동사형	연용형에
ようだ	ようだろ	ようだっ ようで ように	ようだ	ような	ようなら		형용사형	조사「の」및「この·その·あの·どの」에
らしい		らしかっ らしく	らしい	らしい			하 1단 〃	연용형에
られる	られ られ	られ られ	られる られる	られる られる	られれ られれ	られろ (よ)	하 1단 〃	「5단」·「サ변」외의 미연형에
れる	れ れ	れ れ	れる れる	れる れる	れれ れれ	れろ (よ)	〃	「5단」·「サ변」의 미연형에

대명사 활용표

칭\종류	자칭	대칭	타칭			
			근칭	중칭	원칭	부정칭
인칭대명사	わたくし わたし	あなた	このかた	そのかた	あのかた	どのかた どなた
	ぼく	きみ	このひと	そのひと	あのひと	どのひと
	おれ てまえ	おまえ てまえ				
	じぶん われわれ	しょくん			かれ	だれ
지시대명사	사물		これ これら	それ それら	あれ あれら	どれ どれら
	장소		ここ ここら	そこ そこら	あそこ あそこら	どこ どこら
	방향		こちら こっち	そちら そっち	あちら あっち	どちら どっち

조사 일람표

종류	조사	용법·뜻	연결·접속
격조사	から	동작이나 작용의 기점	체언
〃	が	주어	〃
〃	で	곳·때·원인	〃
〃	と	비교 : ～와 함께	〃
〃	に	장소·대상·동작의 목적	〃

종류	조사	용법·뜻	연결·접속
격조사	の	주어·수식어(소유)	체언
〃	へ	동작의 방향	〃
〃	より	비교의 기준	〃
〃	を	출발·동작의 대상	〃
부조사	か	확실치 않을 때	체언 종지형
〃	くらい	대략·정도	체언, 용언 연체형
〃	など	예시	체언, 용언 종지형
〃	なり	정도(한정)	〃, 〃
〃	ばかり	정도·대략	체언, 용언 연체형
〃	ほど	정도·대략·분량	〃, 〃
〃	だけ	한정	〃, 〃
〃	まで	귀착점·정도	〃, 〃
〃	やら	확실치 않을 때	〃, 〃
접속조사	から	작용의 원인·이유	용언 종지형
〃	が	단순 접속	〃 〃
〃	けれども	대비·조건	〃 〃
〃	て(で)	전후의 접속·작용의 이유	동사·형용사의 연용형 형용사 종지형
〃	でも(でも)	가정 조건	용언 연용형
〃	と	조건·경우	용언 종지형
〃	ながら	동작의 병행	체언
〃	ので	작용의 원인·이유	용언 연체형
〃	のに	확정조건	〃 〃
〃	ば	조건	용언 가정형

종류	조사	용법·뜻	연결·접속
계조사	こそ	강한 의지	체언, 용언 연용형
〃	しか	한정	체언, 용언 연체형
〃	だって	체언, 추리	〃 , 〃
〃	でも	대체를 지칭함	〃 , 〃
〃	は	구별	〃 , 〃
〃	も	강한 의지·병렬	〃 , 〃
병렬조사	か	선택·병렬	체언, 용언 종지형
〃	と	병렬	체언
〃	たり	병렬	용언 연용형
〃	なり	선택·병렬	체언, 용언 종지형
〃	に	첨가	체언
〃	の	병렬	〃
〃	や	병렬	〃
〃	やら	병렬	〃

● 숫자 · 사물을 셀 때의 단위 ●

◎ 수 세기			◎ 수 세기		
1	いち	일	1	ひとつ	하나
2	に	이	2	ふたつ	둘
3	さん	삼	3	みっつ	셋
4	し / よん	사	4	よっつ	넷
5	ご	오	5	いつつ	다섯
6	ろく	육	6	むっつ	여섯
7	しち / なな	칠	7	ななつ	일곱
8	はち	팔	8	やっつ	여덟
9	く / きゅう	구	9	ここのつ	아홉
10	じゅう	십	10	とお	열
何	いくつ	몇	何	いくつ	몇

◎ 수 세기			◎ 차례 세기(番)		
1	ひい	하나	1	いちばん	1번
2	ふう	둘	2	に　ばん	2번
3	みい	셋	3	さんばん	3번
4	よう	넷	4	よんばん	4번
5	いつ	다섯	5	ご　ばん	5번
6	むう	여섯	6	ろくばん	6번
7	なな	일곱	7	(ななばん) しちばん	7번
8	やあ	여덟	8	はちばん	8번
9	こう	아홉	9	きゅうばん	9번
10	とお	열	10	じゅうばん	10번
何	いくつ	몇	何	なんばん	몇 번

◎ 차례 세기(第)			◎ 차례 세기(番目)		
1	だいいち	제1	1	いちばんめ	첫째
2	だい に	제2	2	に ばんめ	둘째
3	だいさん	제3	3	さんばんめ	셋째
4	だい し	제4	4	よんばんめ	넷째
5	だい ご	제5	5	ご ばんめ	다섯째
6	だいろく	제6	6	ろくばんめ	여섯째
7	だいしち	제7	7	(ななばんめ) しちばんめ	일곱째
8	だいはち	제8	8	はちばんめ	여덟째
9	だいきゅう	제9	9	(く ばんめ) きゅうばんめ	아홉째
10	だいじゅう	제10	10	じゅうばんめ	열째
何			何	なんばんめ	몇째

◎ 사람을 셀 때(人)			◎ 작은 물건·과일 등을 셀 때(個)		
1	ひとり	한 명	1	いっこ	한 개
2	ふたり	두 명	2	に こ	두 개
3	さんにん	세 명	3	さんこ	세 개
4	よにん	네 명	4	よんこ	네 개
5	ごにん	다섯 명	5	ご こ	다섯 개
6	ろくにん	여섯 명	6	ろっこ	여섯 개
7	(ななにん) しちにん	일곱 명	7	ななこ	일곱 개
8	はちにん	여덟 명	8	はっこ	여덟 개
9	(くにん) きゅうにん	아홉 명	9	きゅうこ	아홉 개
10	じゅうにん	열 명	10	じゅっこ	열 개
何	なんにん	몇	何	なんこ	몇 개

◎ 물고기·곤충·작은 동물 등을 셀 때(匹)			◎ 소·코끼리 같은 큰 동물을 셀 때(頭)		
1	いっぴき	한 마리	1	いっとう	일 두
2	に　ひき	두 마리	2	に　とう	이 두
3	さんびき	세 마리	3	さんとう	삼 두
4	よんびき	네 마리	4	よんとう	사 두
5	ごひき	다섯 마리	5	ご　とう	오 두
6	ろっぴく	여섯 마리	6	ろくとう	육 두
7	ななぎき	일곱 마리	7	ななとう	칠 두
8	はっぴき	여덟 마리	8	はっとう	팔 두
9	きゅうひき	아홉 마리	9	きゅうとう	구 두
10	じゅっぴき	열 마리	10	じゅっとう	십 두
何	なんびき	몇 마리	何	なんとう	몇 두

◎ 새 종류를 셀 때(羽)			◎ 숯·석회·시멘트 등의 부대를 셀 때(俵)		
1	いちわ	한 마리	1	いっぴょう	한 포
2	に　わ	두 마리	2	に　ひょう	두 포
3	さんば	세 마리	3	さんびょう	세 포
4	(よんば)　しわ	네 마리	4	よんびょう	네 포
5	ご　わ	다섯 마리	5	ご　ひょう	다섯 포
6	ろくわ	여섯 마리	6	ろっぴょう	여섯 포
7	(ななわ)　しちわ	일곱 마리	7	ななひょう	일곱 포
8	はちわ	여덟 마리	8	はっぴょう	여덟 포
9	く　わ	아홉 마리	9	きゅうひょう	아홉 포
10	じゅうわ	열 마리	10	じゅっぴょう	열 포
何	なんば	몇 마리	何	なんびょう	몇 포

◎ 책·서적을 셀 때(冊)			◎ 연필·분필 같은 가늘고 긴 물건을 셀 때(本)		
1	いっさつ	한 권	1	いっぽん	한 자루
2	に さつ	두 권	2	に ほん	두 자루
3	さんさつ	세 권	3	さんぼん	세 자루
4	よんさつ	네 권	4	よんほん	네 자루
5	ご さつ	다섯 권	5	ごほん	다섯 자루
6	ろくさつ	여섯 권	6	ろっぽん	여섯 자루
7	ななさつ	일곱 권	7	ななほん	일곱 자루
8	はっさつ	여덟 권	8	はっぽん	여덟 자루
9	きゅうさつ	아홉 권	9	きゅうほん	아홉 자루
10	じゅっさつ	열 권	10	じゅっぽん	열 자루
何	なんさつ	몇 권	何	なんぼん	몇 자루

◎ 종이·가마니 등을 셀 때(枚)			◎ 양말·신발 등을 셀 때(足)		
1	いちまい	한 장	1	いっそく	한 켤레
2	に まい	두 장	2	に そく	두 켤레
3	さんまい	세 장	3	さんそく	세 켤레
4	よんまい	네 장	4	よんそく	네 켤레
5	ご まい	다섯 장	5	ご そく	다섯 켤레
6	ろくまい	여섯 장	6	ろくそく	여섯 켤레
7	ななまい	일곱 장	7	ななそく	일곱 켤레
8	はちまい	여덟 장	8	はっそく	여덟 켤레
9	きゅうまい	아홉 장	9	きゅうそく	아홉 켤레
10	じゅうまい	열 장	10	じゅっそく	열 켤레
何	なんまい	몇 장	何	なんそく	몇 켤레

164 · 초급 일본어 회화

◎ 돈을 셀 때(円)			◎ 총·칼 등을 셀 때(丁)		
1	いちえん	1엔	1	いっちょう	한 자루
2	に えん	2엔	2	に ちょう	두 자루
3	さんえん	3엔	3	さんちょう	세 자루
4	よんえん	4엔	4	よんちょう	네 자루
5	ご えん	5엔	5	ご ちょう	다섯 자루
6	ろくえん	6엔	6	ろくちょう	여섯 자루
7	(しちえん) ななえん	7엔	7	ななちょう	일곱 자루
8	はちえん	8엔	8	はっちょう	여덟 자루
9	きゅうえん	9엔	9	きゅうちょう	아홉 자루
10	じゅうえん	10엔	10	じゅっちょう	열 자루
何	いくら	얼마	何	なんちょう	몇 자루

◎ 기차의 객차·화차를 셀 때(輌)			◎ 자동차·비행기 등을 셀 때(台)		
1	いちりょう	1량	1	いちだい	한 대
2	に りょう	2량	2	に だい	두 대
3	さんりょう	3량	3	さんだい	세 대
4	よんりょう	4량	4	よんだい	네 대
5	ご りょう	5량	5	ご だい	다섯 대
6	ろくりょう	6량	6	ろくだい	여섯 대
7	しちりょう	7량	7	ななだい	일곱 대
8	はちりょう	8량	8	はちだい	여덟 대
9	(くりょう) きゅうりょう	9량	9	きゅうだい	아홉 대
10	じゅうりょう	10량	10	じゅうだい	열 대
何	なんりょう	몇 량	何	なんだい	몇 대

◎ 돛단배·통통배 등을 셀 때(艘)			◎ 군함·기선 등을 셀 때(隻)		
1	いっそう	한 척	1	いっせき	한 척
2	に そう	두 척	2	に せき	두 척
3	さんそう	세 척	3	さんせき	세 척
4	よんそう	네 척	4	よんせき	네 척
5	ご そう	다섯 척	5	ご せき	다섯 척
6	ろくそう	여섯 척	6	ろくせき	여섯 척
7	ななそう	일곱 척	7	ななせき	일곱 척
8	はっそう	여덟 척	8	はっせき	여덟 척
9	きゅうそう	아홉 척	9	きゅうせき	아홉 척
10	じゅっそう	열 척	10	じゅっせき	열 척
何	なんそう	몇 척	何	なんせき	몇 척

◎ 낱알을 셀 때(粒)			◎ 1·2·3의 등수를 셀 때(等)		
1	ひとつぶ	한 알	1	いっとう	1등
2	ふたつぶ	두 알	2	に とう	2등
3	み つぶ	세 알	3	さんとう	3등
4	よんつぶ	네 알	4	よんとう	4등
5	ご つぶ	다섯 알	5	ご とう	5등
6	ろくつぶ	여섯 알	6	ろくとう	6등
7	ななつぶ	일곱 알	7	ななとう	7등
8	はっつぶ	여덟 알	8	はっとう	8등
9	きゅうつぶ	아홉 알	9	きゅうとう	9등
10	じゅっつぶ	열 알	10	じゅっとう	10등
何	なんつぶ	몇 알	何	なんとう	몇 등

◎ 사람의 나이를 셀 때(歳)			◎ 횟수를 셀 때(回)		
1	いっさい	한 살	1	いっかい	1회
2	に さい	두 살	2	に かい	2회
3	さんさい	세 살	3	さんかい	3회
4	よんさい	네 살	4	よんかい	4회
5	ご さい	다섯 살	5	ご かい	5회
6	ろくさい	여섯 살	6	ろっかい	6회
7	ななさい	일곱 살	7	ななかい	7회
8	はっさい	여덟 살	8	(はっかい) はちかい	8회
9	きゅうさい	아홉 살	9	きゅうかい	9회
10	じゅっさい	열 살	10	じゅっかい	10회
何	なんさい	몇 살	何	なんかい	몇 회

◎ 달을 셀 때(月)			◎ 의복의 수를 셀 때(着)		
1	いちがつ	1월	1	いっちゃく	한 벌
2	に がつ	2월	2	に ちゃく	두 벌
3	さんがつ	3월	3	さんちゃく	세 벌
4	し がつ	4월	4	よんちゃく	네 벌
5	ご がつ	5월	5	ご ちゃく	다섯 벌
6	ろくがつ	6월	6	ろくちゃく	여섯 벌
7	しちがつ	7월	7	ななちゃく	일곱 벌
8	はちがつ	8월	8	はっちゃく	여덟 벌
9	くがつ	9월	9	きゅうちゃく	아홉 벌
10	じゅうがつ	10월	10	じゅっちゃく	열 벌
何	なんがつ	몇 월	何	なんちゃく	몇 벌

◎ 층을 셀 때(階)			◎ 개월 수를 셀 때(ヶ月)		
1	いっかい	1층	1	いっかげつ	1개월
2	に　かい	2층	2	に　かげつ	2개월
3	さんがい	3층	3	さんかげつ	3개월
4	よんかい	4층	4	よんかげつ	4개월
5	ご　かい	5층	5	ご　かげつ	5개월
6	ろっかい	6층	6	ろっかげつ	6개월
7	ななかい	7층	7	(しちかげつ) ななかげつ	7개월
8	はっかい	8층	8	はっかげつ	8개월
9	きゅうかい	9층	9	きゅうかげつ	9개월
10	じゅっかい	10층	10	じゅっかげつ	10개월
何	なんがい	몇 층	何	なんかげつ	몇 개월

◎ 시간을 말할 때(時間)			◎ 시각의 분을 말할 때(分)		
1	いちじかん	한 시간	1	いっぷん	1분
2	に　じかん	두 시간	2	に　ふん	2분
3	さんじかん	세 시간	3	さんぷん	3분
4	よ　じかん	네 시간	4	(よんふん) よんぷん	4분
5	ご　じかん	다섯 시간	5	ご　ふん	5분
6	ろくじかん	여섯 시간	6	ろっぷん	6분
7	ななじかん	일곱 시간	7	ななふん	7분
8	はちじかん	여덟 시간	8	はっぷん	8분
9	く　じかん	아홉 시간	9	きゅうふん	9분
10	じゅうじかん	열 시간	10	じゅっぷん	10분
何	なんじかん	몇 시간	何	なんぷん	몇 분

◎ 집의 수를 셀 때(軒)			◎ 작은 묶음을 셀 때(束)		
1	いっけん	한 채	1	ひとたば	한 묶음
2	に　けん	두 채	2	ふたたば	두 묶음
3	さんけん	세 채	3	み　たば	세 묶음
4	よんけん	네 채	4	よんたば	네 묶음
5	ご　けん	다섯 채	5	ごたば	다섯 묶음
6	ろっけん	여섯 채	6	ろくたば	여섯 묶음
7	ななけん	일곱 채	7	ななたば	일곱 묶음
8	はちけん	여덟 채	8	はちたば	여덟 묶음
9	きゅうけん	아홉 채	9	く　たば	아홉 묶음
10	じゅっけん	열 채	10	じゅったば	열 묶음
何	なんけん	몇 채	何	なんたば	몇 묶음

◎ 잔을 셀 때(杯)			◎ 사람을 셀 때(名)		
1	いっぱい	한 잔	1	いちめい	한 명
2	に　はい	두 잔	2	に　めい	두 명
3	さんばい	세 잔	3	さんめい	세 명
4	よんはい	네 잔	4	よんめい	네 명
5	ご　はい	다섯 잔	5	ご　めい	다섯 명
6	ろっぱい	여섯 잔	6	ろくめい	여섯 명
7	ななはい	일곱 잔	7	ななめい	일곱 명
8	はっぱい	여덟 잔	8	はちめい	여덟 명
9	きゅうはい	아홉 잔	9	きゅうめい	아홉 명
10	じゅっぱい	열 잔	10	じゅうめい	열 명
何	なんばい	몇 잔	何	なんめい	몇 명

◎ 주를 셀 때(週間)			◎ 해를 셀 때(年)		
1	いっしゅうかん	일주일	1	いちねん	일 년
2	にしゅうかん	이 주	2	に ねん	이 년
3	さんしゅうかん	삼 주	3	さんねん	삼 년
4	よんしゅうかん	사 주	4	よんねん	사 년
5	ごしゅうかん	오 주	5	ご ねん	오 년
6	ろくしゅうかん	육 주	6	ろくねん	육 년
7	ななしゅうかん	칠 주	7	ななねん	칠 년
8	はっしゅうかん	팔 주	8	はちねん	팔 년
9	きゅうしゅうかん	구 주	9	きゅうねん	구 년
10	じゅっしゅうかん	십 주	10	じゅうねん	십 년
何	なんしゅうかん	몇 주	何	なんねん	몇 년

◎ 날짜를 셀 때(日)					
1	ついたち	하루	11	じゅういちにち	11일
2	ふつか	이틀	12	じゅうににち	12일
3	みっか	사흘	14	じゅうよっか	14일
4	よっか	나흘	19	じゅうくにち	19일
5	いつか	닷새	20	はつか	20일
6	むいか	엿새	30	さんじゅうにち	30일
7	なのか	이레	31	さんじゅういちにち	31일
8	ようか	여드레	何	なんにち	며칠
9	ここのか	아흐레			
10	とおか	열흘			
何	なんしゅうかん	몇 주			

◎ 박을 셀 때(泊)			◎ 시를 셀 때(時)		
1	いっぱく	일박	1	いちじ	한 시
2	に はく	이박	2	に じ	두 시
3	さんぱく	삼박	3	さんじ	세 시
4	よんはく	사박	4	よ じ	네 시
5	ご はく	오박	5	ご じ	다섯 시
6	ろっぱく	육박	6	ろくじ	여섯 시
7	ななはく	칠박	7	しちじ	일곱 시
8	はっぱく	팔박	8	はちじ	여덟 시
9	きゅうはく	구박	9	く じ	아홉 시
10	じゅっぱく	십박	10	じゅうじ	열 시
何	なんぱく	몇 박	11	じゅういちじ	열한 시
			12	じゅうにじ	열두 시
			何	なんじ	몇 시

◎ 초를 셀 때(秒)					
1	いちびょう	일 초	15	じゅうごびょう	십오 초
2	に びょう	이 초	20	にじゅうびょう	이십 초
3	さんびょう	삼 초	25	にじゅうごびょう	이십오 초
4	よんびょう	사 초	30	さんじゅうびょう	삼십 초
5	ご びょう	오 초	35	さんじゅうごびょう	삼십오 초
6	ろくびょう	육 초	40	よんじゅうびょう	사십 초
7	ななびょう	칠 초	45	よんじゅうごびょう	사십오 초
8	はちびょう	팔 초	50	ごじゅうびょう	오십 초
9	きゅうびょう	구 초	55	ごじゅうごびょう	오십오 초
10	じゅうびょう	십 초	60	ろくじゅうびょう	육십 초
			何	なんびょう	몇 초

◎ 요일을 셀 때(曜日)			
にちようび	げつようび	かようび	すいようび
日曜日	月曜日	火曜日	水曜日
일요일	월요일	화요일	수요일
もくようび	きんようび	どようび	なんようび
木曜日	金曜日	土曜日	何曜日
목요일	금요일	토요일	무슨 요일

◎ 날(日)	◎ 주(週)	◎ 달(月)	◎ 년(年)
おととい (一昨日)	せんせんしゅう (先々週)	せんせんげつ (先々月)	おととし (一昨年)
그제	지지난 주	지지난 달	재작년
きのう (昨日)	せんしゅう (先週)	せんげつ (先月)	きょねん (去年)
어제	지난 주	지난 달	작년
きょう (今日)	こんしゅう (今週)	こんげつ (今月)	ことし (今年)
오늘	이번 주	이번 달	올해
あした (明日)	らいしゅう (来週)	らいげつ (来月)	らいねん (来年)
내일	다음 주	다음 달	내년
あさって (明後日)	さらいしゅう (再来週)	さらいげつ (再来月)	さらいねん (再来年)
모레	다다음 주	다다음 달	내후년
しあさって (明々後日)			
글피			
まいにち (毎日)	まいしゅう (毎週)	まいつき (毎月)	まいとし (毎年)
매일	매주	매월	매년

저자소개

이덕구

일본 릿쇼대학(立正大学) 국문학 석사
전북대학 문화인류학 박사
現) 혜전대학교 호텔조리과 교수

조리·외식 전공에 맞춘 초급 일본어 회화

2018년 3월 5일 초판 1쇄 인쇄
2018년 3월 10일 초판 1쇄 발행

지은이 이덕구
펴낸이 진욱상
펴낸곳 (주)백산출판사
교 정 편집부
본문디자인 박채린
표지디자인 오정은

저자와의
합의하에
인지첩부
생략

등 록 2017년 5월 29일 제406-2017-000058호
주 소 경기도 파주시 회동길 370(백산빌딩 3층)
전 화 02-914-1621(代)
팩 스 031-955-9911
이메일 edit@ibaeksan.kr
홈페이지 www.ibaeksan.kr

ISBN 979-11-88892-14-3
값 15,000원